ПЕТЕР КАМЕНЦИНД

ИЗДАТЕЛЬСТВО АСТ
МОСКВА

УДК 821.112.2-31
ББК 84(4Гем)-44
Г43

Серия «Эксклюзивная классика»

Hermann Hesse
PETER CAMENZIND

Перевод с немецкого *Р. Эйвадиса*

Серийное оформление *А. Фереза, Е. Ферез*

Дизайн обложки *А. Чаругиной*

Печатается с разрешения издательства
Suhrkamp Verlag Berlin.

Гессе, Герман.

Г43 Петер Каменцинд : [повесть] / Герман Гессе ; [пер. с нем. Р. Эйвадиса]. — Москва : Издательство АСТ, 2023. — 224 с. — (Эксклюзивная классика).

ISBN 978-5-17-115359-5

«Петер Каменцинд» — одна из самых ранних повестей Германа Гессе. И хотя в этом реалистическом по форме произведении молодой Гессе только начинает нащупывать свой собственный авторский стиль, оно во многом стало ключевым для всего его дальнейшего творчества.

Эта история повествует о «годах странствий и учения» главного героя — крестьянского парня Петера Каменцинда. Юность, учеба, первая любовь и верная дружба, поиск самого себя и лучшей доли, первые горькие разочарования и постепенное обретение жизненного опыта, душевные метания, путешествия и первые же, робкие еще шаги в искусстве — вот то, что составляет содержание этой очень лиричной, отчасти автобиографической повести.

УДК 821.112.2-31
ББК 84(4Гем)-44

ISBN 978-5-17-115359-5

Фрицу и Алисе Лёйтхольд посвящается

1

Вначале был миф. Бог, в своем стремлении к самовыражению стихословивший некогда в душах индийцев, греков, германцев, и поныне ежедневно и ежечасно наполняет душу каждого ребенка поэзией.

Я не знал еще, как называется озеро, как называются горы и ручьи моей родины. Но я видел лазоревую озерную гладь, вышитую золотом крохотных солнечных зайчиков, и обступившие ее плотным кольцом крутые горы, и сверкающие снежные зазубрины на их скалистых боках у самых вершин, и крохотные водопады, а у подножия гор веселые покатые луга, усеянные фруктовыми деревьями, хижинами и серыми альпийскими коровами. И так как бедная, маленькая душа моя, объятая ожиданием, была пуста и безмолвна, озерные и горные духи начертали на ней свои прекрасные, великие деяния. Навеки застывшие гребни и кручи повествовали упрямо и благоговейно о далекой эпохе, их породившей и не поскупившейся для них на суровые отметины-шрамы. Они поведали мне о том, как вздувалось и лопалось измученное чрево земли, со стоном и родовой дрожью выталкивая из недр хребты и вершины. Могучие скалы с ревом и грохотом теснились, опережая друг друга, роняли верхушки, ломались на полпути, и горы-близнецы в жестоких схватках друг с другом боролись за место под солнцем, пока одна не побеждала другую, оттеснив ее в сторону и повергнув ее в прах. С тех времен так и застряли там и сям, повиснув высоко в ущельях, отломанные вершины, отброшенные, расколотые скалы, и в каждую оттепель потоки талой воды низвергали огромные, величиной с дом глыбы и либо разбивали их вдребезги, как стекло, либо вгоняли, как гвозди, в мягкие альпийские луга.

Они всегда говорили одно и то же, эти скалистые горы. И понимать их было нетрудно, глядя на их крутые бока, изломанные, пласт за пластом, помятые, растрескавшиеся, покрытые зияющими ранами. «Мы пережили страшные муки, — говорили они. — И страдания наши еще не кончились». Но они говорили это гордо, с ожесточенным выражением на суровом челе, словно старые воины, живущие в обнимку со смертью.

Да-да, именно воины. Я видел, как они боролись с водой и ветром жуткими предвесенними ночами, когда злобный фён с ревом обрушивался на их древние главы, а бурные потоки вырывали свежие куски мяса из их боков. В такие ночи они стояли с затаенным дыханием, набычившись и упрямо расставив корни, угрюмые, озлобленные, и отражали удар за ударом рогами и растрескавшимися, обветренными боками, собрав воедино все силы. И в ответ на каждую нанесенную рану они издавали глухое, леденящее душу рычание, в котором слышны были страх и ненависть, а ужасным стонам их вторили гневным, надломленным эхом даже самые отдаленные бурливые водопады.

Я видел горные луга и склоны и островки земли в расселинах, пестреющие травами, цветами, мхами и папоротниками, которые древняя народная мудрость наделила диковинными, вещими именами. Дети и внуки гор, они жили своей пестрой, беззлобной жизнью, каждый на своем месте. Я осязал их, любовался ими, вдыхал их ароматы и учился называть их по именам. Сильнее и глубже поражали меня деревья. Каждое из них вело свою особую жизнь, обладало своей особой статью и неповторимой формой кроны, отбрасывало свою, лишь на него похожую тень. Они, эти борцы-отшельники, были сродни горам, ибо все они, в особенности те, что стояли ближе к вершинам, вели свою незаметную, но упорную войну за жизнь и рост — с ветрами, ненастьями и скудной каменистой почвой. Каждое из них несло свое бремя, каждое упрямо цеплялось за все, что придется, и от этого у каждого из них был свой собственный образ и свои особые раны. Я видел сосны, которым ветер позволил иметь ветви лишь с одной стороны; другие, подобно змеям, обвили своими красными стволами нависшие над кручами обломки скал, так что дерево и камень стали одно целое и помогали друг другу выстоять. Они смотрели на меня, словно грозные воители, внушая благоговейный страх и уважение.

Мужчины и женщины наши тоже были похожи на них: строгие, темноликие, неразговорчивые, а лучшие из них — и вовсе молчуны. Потому-то я и привык смотреть на людей, как на деревья или скалы, задумываться о них и почитать их не меньше, а любить не больше, чем тихие сосны.

Деревушка наша Нимикон раскинулась на треугольном, зажатом между двумя горными выступами косогоре на берегу озера. Одна дорога ведет в расположенный неподалеку монастырь, другая в соседнюю деревню, до которой четыре с половиной часа ходу; до остальных деревень можно добраться только по воде. Деревянные дома наши выстроены все в старом стиле, и возраст их не поддается определению: новых среди них почти нет, а старые домишки хозяева по мере нужды подправляют то с одного, то с другого боку, в этом году половицы, в следующем кусок кровли, а то и просто полбревна или планку, что когда-то была частью обшивки в горнице, а теперь пришла на смену какому-нибудь сгнившему стропилу под крышей; а отслужив свой срок и здесь, сгодится на что-нибудь в хлеву или на сеновале, прежде чем пойти на растопку, на худой конец украсит собой входную дверь. То же происходит и с их обитателями: каждый, как может, играет свою роль до конца, а затем медленно, словно нехотя, отступает назад, в круг ни на что не годных зрителей, и вскоре тихо, незаметно погружается в вечную тьму. Те, кто после долгих лет, прожитых на чужбине, возвращаются обратно, находят здесь все таким же, как оно было прежде, разве что пару состарившихся кровель заново перекрыли да пара других, поновее, состарилась; прежних старцев, правда, уж нет, но место их заступили другие старцы, живущие в тех же хижинах, носящие те же имена, пасущие ту же самую темноволосую ребятню и лицом и нравом почти не отличающиеся от почивших в Бозе.

Общине нашей недоставало прилива свежей крови и жизненных токов извне. Жители деревушки, народ хлопотливый и крепкий, почти все состоят друг с другом в родстве, и добрых три четверти из них носят имя Каменцинд. Именем этим исписаны многие страницы церковной книги и кладбищенские кресты, оно красуется на дверях домов, выведенное масляной краской или же грубо вырезанное ножом, на повозках, на ведрах в хлеву и на лодках. Над дверью моего отца тоже было написано: «Дом сей выстроен Йостом Каменциндом и женой его Франциской», однако же имелся в виду не отец мой, а прадед; и если мне суждено будет когда-нибудь умереть, не оставив потомства, то я знаю наверное, что старое гнездо наше не опустеет; другой Каменцинд заживет в нем, если, конечно, оно к тому времени еще пригодно будет для жилья.

Несмотря на кажущееся единообразие, здесь, как и всюду, имелись злые и добрые, знатные и безродные, влиятельные и убогие, а на каждого умного приходилось по паре восхитительных глупцов, не считая дурачков и юродивых. Община наша, как, впрочем, и любая другая, была маленьким, но правдивым слепком с человеческого общества, и так как большие и малые, хитрецы и дурни неразрывно связаны были друг с другом узами близкого или дальнего родства, то спесивая строгость и дурашливое легкомыслие часто наступали друг другу под одной и той же крышею на пятки, так что в жизни нашей оставалось довольно места и для глубины, и для комизма человеческих отношений. Правда, над всем этим лежал вечный туман тщательно скрываемой или неосознанной подавленности. Зависимость от природных сил и скудость бытия, полного бесконечных трудов и забот, сообщили нашему и без того стареющему роду некоторую склонность к мрачному глубокомыслию, которое, хотя и подходило как нельзя лучше к грубым, словно высеченным из камня лицам, но не приносило никаких плодов, во всяком случае сладких. Потому-то все и рады были тем двум-трем шутам, которые, будучи людьми тихими и даже серьезными, все же привносили немного цвета в серые будни и частенько давали повод для веселья и насмешек. Когда кто-нибудь из них очередною проделкою вызывал новые пересуды и толки, по морщинистым, коричневым лицам неласковых сынов Нимикона пробегали радостные зарницы, а сама забава всегда была сдобрена щепоткой тонкой фарисейской соли — отрадным сознанием собственного превосходства, тайным ликованием, мол, я-то, слава Богу, застрахован от таких дурачеств и ошибок. К этому множеству стоявших как раз посредине между праведниками и грешниками и завидовавших и тем, и другим, принадлежал и мой отец. Всякое вновь затевающееся чудачество напрочь лишало его покоя, переполняя сердце его сладким трепетом, и он буквально разрывался между участливым восхищением зачинщиками и жирным сознанием собственной безупречности.

Одним из общепризнанных шутов был мой дядюшка Конрад, который, однако, по уму ничуть не уступал ни моему отцу, ни другим подвижникам благоразумия. Более того, он был даже хитер и к тому же одержим неуемной жаждой творчества, которой вполне могли бы позавидовать его критики. Но конечно же, ни одному из его предприятий не суждено было увенчаться успехом. То, что он, несмотря на неудачи, не вешал носа и не поддавался праздной тоске, а, напротив, затевал все новые и новые дела, обнаруживая при этом до странности легкое чувство в отношении трагикомизма своих предприятий, было, без сомнения, положительною чертою, которую, однако же, считали нелепой чудаковатостью, позволяющей причислить его к бесплатным скоморохам общины. Отношение отца моего к нему выражалось в постоянной борьбе между восторгом и презрением. Каждый новый проект шурина он встречал с неописуемым волнением и любопытством, которые тщетно пытался скрывать под хитрой маской иронии и насмешек. Когда же дядюшка, устранив, как он полагал, последние препятствия на пути к успеху, важно задирал нос, отец всякий раз не выдерживал и присоединялся к своему гениальному родичу в расчетливой преданности; затем наступал неминуемый час позора, дядюшка равнодушно пожимал плечами, в то время как отец в гневе осыпал его издевками и оскорблениями, после чего месяцами не удостаивал его даже взглядом.

Это Конраду наша деревушка обязана была зрелищем первого парусника, и главную роль в этом событии довелось сыграть отцовской лодке. Парус и снасти дядюшка мастерски изготовил по гравюрам из старого календаря, а то, что наш скромный челнок оказался слишком узким для парусника, — в конце концов, не дядюшкина вина. Приготовления длились несколько недель; отец мой сгорал от нетерпения, смелых надежд и страха, да и все остальные жители только и говорили о новой затее Конрада Каменцинда.

Это был для нас знаменательный день, когда лодка наконец ветреным августовским утром отправилась в свое первое плавание. Отец, томимый мрачным предчувствием близящейся катастрофы, отклонил предложение принять в нем участие и, к моему великому огорчению, запретил поездку и мне. Сын булочника Фюсли был единственным спутником творца-мореплавателя. Вся деревня собралась на вымощенной булыжником площадке перед нашим домом и посреди грядок огорода и наблюдала это невиданное зрелище. На озере дул бойкий восточный ветер. Вначале Фюсли пришлось поработать веслами, пока бриз не подхватил лодку и она, гордо раздув парус, не помчалась прочь. Мы проводили ее восторженными взглядами до первого горного выступа, который скрыл ее от наших глаз, и, устыдившись своих ехидных задних мыслей, решили уже было чествовать молодчину Конрада как победителя. Но когда ночью лодка вернулась обратно, паруса на ней уже не было, и моряки наши больше похожи были на утопленников, чем на победителей, а сын булочника сказал сквозь кашель:

— Да, здорово вам не повезло! Еще бы чуть-чуть, и вы бы могли в воскресенье пировать сразу на двух поминках.

Отец потом выстругал две новые планки и заделал пробоину, и с тех пор над голубыми просторами нашего озера уже никогда более не реял ни один парус. Конраду земляки долго еще кричали всякий раз вслед, как только он куда-нибудь торопился:

— Эй, Конрад, что ж ты не поднимешь парус?

Отец мой с грехом пополам проглотил эту горькую пилюлю и долгое время, встречаясь со своим горемычным шурином, отворачивался в сторону и нарочито громко плевал в знак безграничного презрения. Так продолжалось до тех пор, пока Конрад не явился к нему в один прекрасный день со своим противопожарным проектом кухонной печи, принесшим изобретателю несмываемый позор и море насмешек, а отцу моему целых четыре талера чистого убытку. Горе было тому, кто осмеливался напомнить ему об этой истории выброшенных на ветер четырех талеров! Спустя много времени, когда в дом наш в очередной раз пришла нужда, мать проронила ненароком:

— Как пригодились бы сейчас те деньги, так не по-божески промотанные!

Отец побагровел от гнева, но кое-как сдержался и сказал в сердцах:

— Уж лучше бы я их пропил, сразу все в одно воскресенье!

На исходе каждой зимы в деревню врывался фён со своим низким разбойничьим посвистом, который альпийский горец всегда слушает со страхом и трепетом, а на чужбине вспоминает с тоской и иссушающей болью разлуки. Приближение фёна, которому почти всегда предшествуют прохладные встречные ветры, за много часов чувствуют люди и горы, дикие звери и скотина. Его возвещают теплые, низко гудящие струи воздуха. Сине-зеленое озеро мгновенно чернеет и покрывается белым каракулем торопливых пенистых волн. Еще несколько минут назад безмятежно дремавшее, оно вдруг, как штормовое море, начинает злобно биться о берег. Весь ландшафт тем временем, пугливо съежившись, становится виден как на ладони. На вершинах, обычно предающихся мрачным раздумьям в отрешенной дали, теперь можно без труда пересчитать отдельные скалы, а там, где обычно видны лишь коричневые пятна разбросанных по округе деревень, отчетливо проступают крыши, фасады и окна. Все сбивается в кучу, как испуганное стадо: горы, луга, дома. А потом поднимается устрашающий вой ветра, сопровождаемый содроганиями земли. Волны на озере встают на дыбы под ударами ветра и несутся по воздуху седыми клочьями водяной пыли, а вокруг, в особенности ночью, ни на минуту не смолкает отчаянная битва гор и бури. Вскоре деревни облетают известия о засыпанных ручьях, разрушенных хижинах, разбитых лодках и пропавших без вести мужьях и братьях.

В младенческие годы я боялся фёна и даже ненавидел его. Но позже вместе с отроческим буйством во мне пробудилась любовь к нему, возмутителю, вечно юному, дерзкому драчуну и глашатаю весны. Это были упоительные мгновения, когда он, хмельной от избытка молодых сил и надежд, начинал свой яростный бой, метался со стоном и хохотом среди гор, летел с диким воем по ущельям, пожирал снег и свирепо гнул в три погибели старые жилистые сосны, не обращая внимания на их жалобные вздохи. Постепенно любовь эта становилась осознанней и глубже, и фён превратился для меня в символ пряного, волнующе прекрасного, сказочно богатого юга, неиссякаемого источника, дающего начало все новым и новым потокам любви, тепла и красоты, которые, разбившись о горные хребты, растекаются по равнинам прохладного севера, замедляют свой бег и медленно умирают. Нет ничего более странного и прекрасного, чем болезненно-сладостная альпийская лихорадка, хорошо знакомая горным жителям, в особенности женщинам, когда фён сеет бессонницу и щекочет возбужденные чувства. Это юг, сжигаемый страстью, вновь и вновь бурно бросается на грудь пуритански строгому, аскетическому северу и возвещает заснеженным альпийским лугам о том, что совсем близко, по берегам пурпурных озер французской Швейцарии, уже снова зацвели примулы, нарциссы и миндаль.

Потом, как только фён оттрубит в свой охотничий рог и просохнут последние лавины грязи, наступает самая дивная пора. Желтоватые, пестреющие цветами луга блаженно вытягиваются на крутых склонах, горы подъемлют к небу свои сверкающие неземной чистотой снежные вершины и ледники, а озеро, как прежде голубое и теплое, вновь отражает солнце и полет облаков.

Все это вполне достойно того, чтобы стать содержанием целого детства, а то и всей жизни. Ибо все это громко и внятно глаголет на языке Бога, которым никогда не дано было овладеть человеку. Тому, кто внимал ему в детстве, уже никогда не забыть его могучее, сладостное и устрашающее звучание, не освободиться от его колдовской власти. Выросший среди гор человек может годами изучать философию или historia naturalis и сколько угодно доказывать, что никакого Господа Бога вовсе и нет, — но стоит ему только вновь почувствовать дыхание фёна или услышать, как трещит лес под тяжестью снежной лавины, как он тут же вспоминает о Боге и о смерти.

К домику моего отца примыкал обнесенный изгородью крохотный огородец. В нем росли терпкий салат, репа, свекла и капуста, а посреди овощей мать разбила малюсенькую узкую грядку для цветов, на которой бесславно, вопреки всем надеждам, чахли два розовых кустика, куст георгин и горстка резеды. За огородом начиналась еще более крохотная площадка, вымощенная булыжником, которая выходила к озеру. Там, на берегу, стояли две прохудившиеся бочки, несколько досок и длинных колышков, а рядом была привязана наша утлая лодчонка, которую отец раньше каждые два-три года заново латал и смолил. Дни, в которые это происходило, навсегда остались в моей памяти. Это бывало в самом начале лета, обычно после обеда; над огородом порхали желтокрылые лимонницы, греясь в теплых лучах солнца, нежно поблескивало маслянисто-гладкое озеро, голубое и ласковое, мрели в прозрачной дымке вершины гор, а на маленькой площадке крепко пахло смолой и масляной краской. И потом лодка еще долго, до самого конца лета, сохраняла этот терпкий, ядреный аромат. Много лет спустя всякий раз, когда где-нибудь на побережье в ноздри мне ударял своеобразный запах воды, смешанный с ароматом черного душистого варева, перед глазами у меня тотчас же вставала площадка на берегу озера, и я видел отца, в рубахе, с кистью в руке, видел синеватые облачка дыма из его трубки, так уютно, так медленно тающие в мягком, по-летнему ласковом воздухе, видел желтое мерцание мотыльков, робко пробующих свои неокрепшие крылья. В такие дни отец по обыкновению пребывал в непривычном для него безмятежном расположении духа, блаженно насвистывал, то и дело заливаясь трелями, которые у него превосходно получались, а иногда даже, забывшись, испускал короткий йодлер*, но тут же смущенно умолкал. Мать в такие дни обычно готовила к ужину что-нибудь вкусное, и делала она это, думается мне теперь, в тайной надежде на то, что Каменцинд в этот вечер не пойдет в трактир. Увы, надежда ее была несбыточна.

Родители мои, хотя и не утруждали себя чрезмерной заботой о духовном и телесном развитии своего чада, но и не препятствовали оному. Мать с утра до вечера хлопотала по хозяйству, а отца моего, пожалуй, ничто на свете не занимало меньше, чем вопросы воспитания. Ему и без меня вполне хватало мороки с несколькими фруктовыми деревьями, с полоской земли, засаженной картофелем, и заготовкой сена. Однако же примерно раз в две недели, вечером, прежде чем отправиться в трактир, он, не говоря ни слова, брал меня за руку и отводил на сеновал, располагавшийся над хле-

---

* Характерные распевы альпийских жителей, которым свойственны постоянные переходы от низкого грудного голоса к пению фистулой.

вом. И там совершался весьма странный карательно-искупительный ритуал: я получал изрядную взбучку, не зная толком, за какие провинности, как, впрочем, не знал этого и сам отец. Это были тихие жертвы у алтаря Немезиды, совершавшиеся без брани с его стороны и без крика с моей, словно безропотная выплата законной дани некоему таинственному божеству. После, по прошествии нескольких лет, я всякий раз, когда при мне говорили о «слепом роке», тут же вспоминал те мрачно-загадочные сцены, и они казались мне самой что ни на есть наглядной иллюстрацией упомянутого понятия. Сам того не подозревая, мой славный родитель следовал скромной педагогике, которой охотно пользуется и жизнь, посылая нам время от времени гром и молнии среди ясного неба и предоставляя нам при этом самим доискиваться до причин наказания и размышлять о том, какими же прегрешениями мы прогневили вышние силы. До подобных размышлений у меня, признаться, дело не доходило никогда или весьма редко; эту выдаваемую небольшими порциями кару я принимал без должного самоиспытания, с равнодушием или тайным упрямством, и радовался в такие вечера, что очередная подать «слепому року» уплачена и следующая экзекуция состоится лишь через две-три недели. Гораздо осознанней я противоборствовал попыткам моего старика приучить меня к труду. Непостижимая, расточительная природа соединила во мне два противоречивых дара: необычайную телесную силу и столь же необычайную лень. Отец, не жалея сил, старался сделать из меня мало-мальски толкового сына и помощника, я же всеми правдами и неправдами отлынивал от порученных мне работ, а будучи гимназистом, не испытывал ни к одному из античных героев столько сочувствия, сколько к Гераклу, принужденному к тем славным, но тягостным трудам. Пока что, однако, я не знал ничего заманчивее, чем праздно шататься по лугам, среди скал или же вдоль берега.

Горы, озеро, ветер и солнце были моими друзьями, рассказывали мне множество историй, воспитывали меня и были мне долгое время родней и понятнее людей и их судеб. Любимцами же моими, которых я предпочитал и сверкающему озеру, и печальным соснам, и солнечным скалам, были облака.

Назовите-ка мне человека на всем белом свете, который бы лучше знал и крепче любил облака, чем я! Или покажите мне что-нибудь более прекрасное, чем облака! Это и игра, и отрада, это — благословение, Божий дар, это — гнев и мрак преисподней. Они нежны, мягки и безмятежны, как души новорожденных младенцев, они прекрасны, богаты и щедры, как добрые ангелы, они угрюмы, неотвратимы и беспощадны, как вестники смерти. Они то стелются тонкой серебряной пеленой, то плывут мимо, смеясь и сверкая белыми, позлащенными с краев парусами, то величаво покоятся над землей, расцвеченные желтыми, красными и синеватыми бликами. Они медленно крадутся, черные, как закутанные в плащи убийцы, они несутся сломя голову со свистом и гиканьем, словно бешеные всадники, они в печальной задумчивости неподвижно висят на бледном небосводе, одинокие, словно отшельники. Они принимают формы дивных островов и благословляющих ангелов, они напоминают грозящие десницы, трепещущие паруса или странников-журавлей. Они парят меж небесной твердью и бедной землей, словно прекрасный образ всей совокупной человеческой тоски, причастные и к тому, и к другому, — мечты грешной земли, в которых она прижимает запятнанную душу свою к чистому небу. Они суть вечный символ всех странствий, всех поисков, всех желаний и тоски по отчему дому. И так же, как облака, томимые робостью, бесприютной тоской и упрямством, блуждают между небом и землей, — так же, томимые тою же робостью, тою же бесприютной тоской и тем же упрямством, блуждают души людей между временем и вечностью.

О облака, прекрасные, плывущие вдаль неутомимые странники! Я был несмышленым мечтателем и любил их, любовался на них и не знал, что и сам поплыву таким же облаком по небосводу жизни, всем чужой, странник, парящий между временем и вечностью. С детских лет они были мне верными друзьями, братьями и сестрами. Я и шагу не мог ступить, чтобы не кивнуть им, не поприветствовать их, и они отвечали мне тем же, и мы молча радовались нашему тайному союзу. Я никогда не забывал и то, чем они наполняли мою душу: эти формы, эти краски, эти черты, эти игры, танцы, хороводы и сны, эти их странные небесно-земные истории.

Особенно историю снежной принцессы. Действие ее происходит в горах, в предзимье, когда снизу дуют теплые ветры. Снежная принцесса, спустившись с немыслимых высот со своей небольшой свитой, располагается в одной из просторных ложбин или на широкой горной вершине, чтобы передохнуть. Коварный норд-ост завистливо поглядывает на утомленную принцессу, подкрадывается сзади, жадно облизывая скалы ледяным языком, и внезапно бросается на нее, захлебываясь от злобного рыка. Он швыряет ей в лицо клочья растрепанных туч, осыпает ее бранью и насмешками, норовит прогнать ее прочь. Некоторое время встревоженная принцесса выжидает, терпеливо сносит его дерзости, а иногда и в самом деле возвращается назад в свою недоступную высь, тихо покачивая головой с насмешливой укоризной. Но иногда она вдруг скликает своих оробевших спутниц, открывает свой ослепительный, царственный лик и отбрасывает от себя злобного карлика холодною рукой. Тот трусливо поджимает хвост, жалобно воет и убирается прочь. А она вновь величественно возлежит на своем ложе, укутавшись бледным туманом, и, когда туман рассеивается, взору предстают сверкающие, одетые в чистые, мягкие снега вершины и впадины. В этой истории было что-то особенно возвышенное, что-то о душе и торжестве красоты, что-то такое, от чего маленькое сердце мое переполнялось восторгом и сладким ощущением пленительной тайны.

Вскоре пришла пора, когда я смог приблизиться к облакам, оказаться в самой их гуще, а на некоторые из них даже посмотреть свысока. Мне исполнилось десять лет от роду, когда я вступил на свою первую вершину, Зеннальпшток, у подножия которого приютилась наша деревушка Нимикон. В тот день мне впервые открылись ужасы и красоты горного мира. Темные глотки ущелий, полные льда и талой воды, бутылочно-зеленые спины ледников, отвратительные морены, а над всем этим — круглый высокий купол небес. Тот, кто десять лет прожил на крохотном клочке земли, стиснутом с двух сторон горами и озером, в окружении высоких вершин, никогда не забудет тот миг, когда над головой у него впервые разверзлась широкая голубая бездна, а перед глазами раскинулся бескрайний горизонт. Еще только поднимаясь наверх, я уже был поражен тем, что все эти скалы и утесы, казавшиеся снизу такими маленькими, на самом деле огромны. И вот, весь во власти мгновения, я со страхом и ликованием увидел эти чудовищные просторы. Вот, оказывается, как сказочно велик этот мир! Наша деревушка, затерянная где-то далеко внизу, была всего лишь маленьким светлым пятнышком. А вершины, которые при взгляде из долины можно было принять за близких соседей, отделяли друг от друга многие часы пути.

И тогда во мне шевельнулось предчувствие, что жизнь пока что одарила меня лишь ленивым прищуром, ни разу не удостоив открытого взора, что где-то за пределами моего крохотного мирка, быть может, рождаются и рушатся горы и происходят другие великие события, весть о которых никогда даже не коснется легким крылом нашего глухого горного захолустья. И в то же время во мне что-то задрожало, подобно стрелке компаса, и жадно потянулось к этой великой дали. Лишь теперь мне до конца стали понятны красота и тоска облаков, когда я увидел, по каким бесконечным просторам совершали они свои странствия.

Оба моих взрослых спутника, устроившись отдохнуть на ледяной верхушке, похвалили меня за ловкость и терпение во время подъема и добродушно посмеялись над моей безудержной радостью. Я же, едва оправившись от изумления, испустил торжествующий вопль, словно вырвавшийся на свободу молодой бык, весь дрожа от возбуждения. Это была моя первая, нечленораздельная песнь красоте. Я ожидал услышать в ответ могучее эхо, но крик мой бесследно канул в невозмутимые выси, как слабый птичий пересвист. Смутившись, я пристыженно смолк.

Этот день словно растопил какой-то лед в моей жизни. Ибо с тех пор одно событие опережало другое. Вначале меня стали брать с собой во всякие поездки по горам, даже в самые тяжелые, и я со странным, щемящим сладострастием проникал в великие тайны горнего царства. Потом мне доверили пасти деревенских коз. На одном из склонов, куда я гонял своих четвероногих, я облюбовал себе защищенный от ветра уголок, сплошь заросший синей горечавкой и красной камнеломкой. Это было мое самое любимое место на всем белом свете. Деревня оттуда была не видна, да и озеро тоже заслоняли скалы, оставляя лишь узкую блестящую полоску, зато там жарко горели цветы, брызжа в глаза своими смеющимися, сочными красками; синее небо, словно крыша шатра, покоилось на остроконечных белоснежных вершинах, а нежный перезвон козьих колокольцев мелодично вплетался в несмолкающее лопотание недалекого водопада. Я лежал на солнце, без устали дивясь на плывущие мимо белые облака и напевая вполголоса йодлеры, пока козы, поощряемые бездеятельностью разомлевшего пастыря, не принимались за свои дерзкие проделки и недозволенные игры. Сия феакийская идиллия кончилась после первых же двух-трех недель, едва успев начаться, когда я вместе с отбившейся от стада козой сорвался в глубокую расселину. Коза разбилась насмерть, а моя голова изобиловала шишками и ссадинами; вдобавок ко всему меня нещадно выпороли, из-за чего я удрал из дома, но был, однако, вскоре с причитаниями и увещеваниями возвращен под отчий кров.

Эти первые приключения мои вполне могли бы стать и последними. Я был бы таким образом избавлен от множества хлопот и глупостей, а книжечка эта осталась бы ненаписанной. Рано или поздно я, вероятно, женился бы на какой-нибудь кузине, а может, лежал бы где-нибудь в горах, вмерзшим в ледник. Что, впрочем, тоже было бы не так уж и плохо. Все, однако, обернулось иначе, и не пристало мне сравнивать былое с небылым.

Отец мой хаживал в ту пору на приработки в Вельсдёрфский монастырь. Как-то раз, прихворнув, он велел мне сходить туда и предупредить монахов о том, что он занемог. Я же вместо этого одолжил у соседа перо и бумагу, написал монахам учтивое письмо, вручил его почтальонше, а сам тайком от всех отправился в горы.

На следующей неделе, воротившись в один прекрасный вечер домой, я застал в горнице патера, дожидавшегося автора изящного послания. Сердце мое тревожно сжалось, но он похвалил меня и стал уговаривать отца определить меня к нему в ученье. Обратились за советом к дядюшке Конраду, как раз только что вышедшему из опалы. Тот, конечно же, не задумываясь, с жаром ухватился за мысль о том, что, поучившись, я поступлю в университет и стану ученым и настоящим господином. Отец в конце концов согласился, и в числе опасных дядюшкиных проектов, вроде парусника, противопожарного устройства печи и множества других подобных причуд, таким образом оказалось и мое будущее.

Учение мое началось незамедлительно и с небывалым размахом, особенно по части латыни, священной истории, ботаники и географии.

Мне все это доставляло немало удовольствия, и я, конечно, далек был от мысли о том, что весь этот чужеземный вздор, возможно, будет стоить мне родины и лучших лет жизни. Ведь одной латыни было недостаточно: отец все равно сделал бы из меня крестьянина, даже если бы я наизусть вызубрил всех этих viri illustres* сверху вниз и снизу вверх. Но умный старик ухитрился проникнуть пытливым взглядом на самое дно моего существа, туда, где коренилась моя основная доблесть и опора — непобедимая лень. Я пускался на любые уловки, чтобы уклониться от работы, а добившись своего, убегал в горы, на озеро или, спрятавшись где-нибудь в траве, на солнечном склоне, читал, грезил, а то и просто бездельничал. В конце концов, убедившись в бесплодности своих усилий, отец махнул на меня рукой.

Здесь мне, пожалуй, удобнее всего будет сказать несколько слов о родителях. Мать моя когда-то была красива, но от красы ее остались лишь крепкая, стройная фигура и очаровательные темные глаза. Она была женщиной высокой, сильной, работящей и молчаливой. Несмотря на то, что по уму она ничуть не уступала отцу, а силою даже превосходила его, она никогда не стремилась властвовать в доме, а предоставила бразды правления мужу. Отец же был среднего роста, хрупкого, почти нежного сложения, обладал живым, сметливым умом и упрямым характером; светлое лицо его было сплошь покрыто крохотными, необычайно подвижными морщинками, а на лбу красовалась короткая вертикальная складка. Она темнела, когда он шевелил бровями, и придавала его лицу страдальческое выражение; казалось, будто он

* Выдающиеся мужи (*лат.*).

старается припомнить что-то очень важное и уже отчаялся напасть на след нужной мысли. При желании можно было обнаружить в нем некоторые признаки меланхолии, но никто не обращал на это внимания, так как нрав людей в наших краях словно подернут легкой, мутной поволокой, причины которой — долгие зимы, опасности, непрерывная, изнуряющая забота о хлебе насущном и оторванность от большой жизни.

От обоих родителей я унаследовал существенные черты моей натуры. От матери скромную житейскую мудрость, добрую порцию доверия к Богу и тихий, молчаливый характер. От отца же — страх перед важными решениями, неспособность мудро распоряжаться деньгами и искусство обильных и обстоятельных возлияний. Последнее пока что еще не давало о себе знать в том нежном возрасте. От внешности отца мне достались глаза и рот, от матери — тяжелая, выносливая походка, крепкое сложение и неуемная сила. Отец и вообще вся наша порода наделили меня крестьянским, смекалистым умом, но в придачу я получил и сумрачный нрав вместе со склонностью к беспричинной тоске. Поскольку мне суждено было долго скитаться вдали от родины, среди чужих людей, было бы весьма недурно вместо этого взять с собой в дорогу некоторую подвижность и немного веселого легкомыслия.

Снаряженный всем перечисленным и одетый в новое платье, пустился я в свое странствие по жизни. Родительские дары были мне надежным посохом, ибо с той поры я шагал своею собственной дорогой. И все-таки чего-то мне, похоже, недоставало, чего мне так и не дали ни науки, ни большая жизнь. Я и по сей день могу осилить любую гору, десять часов кряду без устали шагать или грести, а если понадобится, то у меня достанет силы убить человека голыми руками, — но искусство жизни, как прежде, так и сейчас, остается для меня недоступным. Мое раннее, одностороннее общение с природой, ее растениями и животными мало способствовало развитию во мне социальных навыков, и сновидения мои до сих пор служат мне странным доказательством моей прискорбной склонности к жизни чисто животной. Мне часто видится во сне, будто я лежу на морском берегу неким животным, чаще всего тюленем, и испытываю при этом столь острое блаженство, что, пробудившись, я вместо радости или гордости за вновь обретенную человеческую ипостась чувствую лишь разочарование.

Я получил обыкновенное воспитание в гимназии, пользуясь правом бесплатного обучения и питания, и должен был стать филологом. Неизвестно почему. Вряд ли найдется более никчемный, более скучный и чуждый мне предмет.

Годы ученичества быстро летели один за другим.

Промежутки между рукопашными битвами и гимназией заполняли тоска по дому, дерзкие мечты о будущем и благоговейное поклонение науке. А в самую сердцевину этих гимназических будней нет-нет да и прокрадывалась моя врожденная лень и приносила мне немало наказаний и неприятностей, пока ее не вытеснял очередной подъем энтузиазма.

— Петер Каменцинд, — говорил мой учитель греческого, — ты твердолобый упрямец и нелюдим и набьешь себе на своем веку еще немало шишек.

Я молча разглядывал жирного очкарика, слушая его речи, и находил его смешным.

— Петер Каменцинд, — говорил учитель математики, — ты гениальный лодырь, и я сожалею, что нет более низкой отметки, чем «нуль». Я оцениваю твои сегодняшние успехи на минус два с половиной.

Я смотрел на него с жалостью, потому что он страдал косоглазием, и находил его скучным.

— Петер Каменцинд, — сказал однажды профессор истории, — ты скверный ученик, но когда-нибудь ты все же станешь историком. Ибо ты ленив, но умеешь отличать великое от ничтожного.

Однако и это не произвело на меня особого впечатления. И вместе с тем учителя внушали мне уважение, ибо я считал их наместниками науки, а перед наукой я испытывал жгучий, священный трепет. И хотя мнение учителей о моей лени было единым, я все же успевал по всем предметам и ровно держался где-то чуть выше середнячков. То, что гимназия и гимназическая наука были только первыми шагами, преддверием, мне было ясно; я ждал того, что будет потом. За этими приготовлениями, за всем этим школярством я надеялся обнаружить мир чистой духовности, неоспоримую, уверенную в своих силах науку, ведущую к истине. Тогда-то, думал я, мне и откроется тайный смысл сумрачных дебрей истории, битв народов и робкого, вопросительного ожидания каждой отдельной души.

Еще сильней и живее была другая моя страсть. Мне очень хотелось иметь друга.

Среди гимназистов я приметил одного темноволосого серьезного мальчика, на два года старше меня, по имени Каспар Хаури. Он отличался от других степенностью, уверенными, мягкими манерами, по-мужски твердой посадкой головы и молчаливостью. Я месяцами почтительно взирал на него снизу вверх, всюду ходил за ним следом, движимый страстной надеждой, что он наконец заметит меня. Я ревновал его к каждому прохожему, с которым он здоровался, и к каждому дому, в который он входил или из которого неожиданно появлялся. Но я был двумя классами младше его, а он, по-видимому, даже перед своими сверстниками чувствовал свое превосходство. Мы ни разу даже не обмолвились ни единым словом.

Вместо него ко мне привязался, без каких-либо знаков расположения с моей стороны, один маленький, болезненный мальчик. Он был младше меня, робок, лишен каких бы то ни было талантов, но привлекал к себе красивыми, грустными глазами и тонкими, страдальческими чертами лица. Поскольку он был тщедушен и слегка горбат, на долю его выпадало немало обид и насмешек, и он искал защиты у меня, сильного и уважаемого. Вскоре он серьезно заболел и больше уже не мог посещать школу. Я нисколько не тяготился его отсутствием, а скоро и совсем забыл про него.

Был в нашем классе белокурый весельчак, мастер на все руки, музыкант, лицедей и паяц. Дружба его досталась мне не без труда, и этот маленький бойкий приятель мой всегда относился ко мне слегка покровительственно. Но как бы то ни было, у меня наконец-то появился друг. Я изредка навещал его, прочел вместе с ним в его маленькой комнатке несколько книг, выполнял за него задания по греческому, а он помогал мне за это по арифметике. Иногда мы вместе отправлялись гулять и, должно быть, выглядели при этом как медведь и заяц. Он болтал, веселился, острил и никогда не терялся, а я слушал, смеялся и радовался, что у меня такой бесшабашный друг.

Но вот однажды после обеда я неожиданно стал свидетелем очередного веселого представления этого маленького паяца, которыми он часто развлекал товарищей. Стоя в вестибюле гимназии, в кругу зрителей, он только что передразнил одного из учителей и задорно воскликнул:

— А теперь угадайте-ка, кто это!

Он громким голосом прочел несколько стихов из Гомера. При этом он с поразительной точностью копировал меня, мою смущенную позу, мою робкую манеру чтения, мое грубоватое горское произношение и мое характерное выражение сосредоточенности — частое моргание и прищуривание левого глаза. Все это и в самом деле выглядело очень забавно и было передано с безжалостной язвительностью. Когда он, захлопнув книжку, самодовольно внимал заслуженным овациям, я подошел к нему сзади и совершил акт возмездия. Слов у меня не нашлось; все свое негодование, весь стыд и гнев я достаточно красноречиво выразил в одной-единственной сокрушительной оплеухе. Сразу же после этого начался урок, и учитель заметил хныканье и красную, опухшую щеку моего бывшего друга, который к тому же был его любимчиком.

— Кто это тебя так отделал?

— Каменцинд.

— Каменцинд, к доске! Это правда?

— Правда.

— За что ты ударил его?

Ответа не последовало.

— Ты сделал это без всякой причины?

— Да.

Я немедленно подвергся суровой экзекуции, стоически упиваясь блаженством безвинного мученичества. Но так как я не был ни стоиком, ни святым, а был всего лишь мальчишкой-школьником, я после вынесенной кары яростно показал своему врагу язык. Учитель, приведенный этой выходкой в ужас, возмутился:

— Как тебе не совестно! Что это значит?

— Это значит, что вон тот — подлец и что я его презираю. А еще он — трус.

Так закончилась моя дружба с лицедеем. Преемника ему так и не нашлось, и годы отрочества, в пору близящейся зрелости, я провел в одиночестве. И хотя жизненные воззрения мои и отношение к людям с тех пор не раз изменились, ту пощечину я всегда вспоминаю с глубоким удовлетворением. Надеюсь, что и тот белокурый шутник ее тоже не забыл.

Семнадцати лет я влюбился в дочь адвоката. Она была очень хороша собою, и я горжусь тем, что всю свою жизнь влюблялся только в записных красавиц. О муках, выпавших мне на долю из-за нее и из-за других женщин, я расскажу в другой раз. Ее звали Рози Гиртаннер. Она и сегодня еще достойна любви и не таких мужчин, как я.

В то время во мне кипела молодая нерастраченная сила. Я ввязывался вместе со своими товарищами в самые грозные кулачные бои, гордился своей славой первого силача, игрока в мяч, бегуна и гребца, но при всем этом постоянною спутницей моей была тоска. Едва ли это связано было с моею влюбленностью. Это была просто сладостная предвесенняя тоска, которая охватывала меня сильнее, нежели моих сверстников, так что я находил болезненную отраду в печальных грезах, в мыслях о смерти и в пессимистических идеях. И конечно же, нашелся товарищ, одолживший мне «Книгу песен» Гейне в дешевом издании. Это было, собственно, уже не чтение — я попросту вливал свое растаявшее сердце в пустые строки, я страдал вместе с героями, я творил вместе с автором и впадал в лирическую мечтательность, которая, вероятно, в такой же степени подходила к моему облику, в какой манишка подходит поросенку. До этого я не имел ни малейшего представления об «изящной словесности». За Гейне последовали Ленау, Шиллер, затем Гёте и Шекспир, и бледный призрак литературы вдруг превратился для меня в горячо почитаемое божество.

Со сладким трепетом ощущал я исходившее от страниц этих книг прохладное, пряное дыхание жизни, вечно чуждой подлунному миру и в то же время истинно сущей, волны которой докатились и до моего растроганного сердца, населив его ее удивительными судьбами. В крохотной мансарде, где я неутомимо предавался чтению и куда доносился лишь бой часов с близлежащей колокольни да сухой перестук аистов на крыше, прочно обосновались герои Шекспира и Гёте. Мне открылась божественно-комическая суть человека, загадка его противоречивого, неукротимого сердца, глубокая сущность мировой истории и великое чудо духа, преображающего короткий человеческий век и силою познания возносящего скудное бытие наше на престол необходимого и вечного. Просунув голову в маленькое окошко, я, словно впервые, видел залитые солнцем крыши и узкие улочки, слышал незатейливые звуки труда и повседневной суеты, которые, сливаясь друг с другом, напоминали мерный шорох прибоя, и еще острее ощущал таинственную отрешенность моей населенной величавыми призраками мансарды, словно вдруг переносился в некую прекрасную, волшебную сказку. И чем больше я читал, чем более удивительным и чуждым становился для меня этот вид из окна — эти крыши, переулки и суета будничной жизни, — тем чаще рождалось во мне робкое, стесняющее грудь ощущение: быть может, я наделен даром ясновидения и раскинувшийся предо мною мир ждет, что я открою часть его сокровищ, совлеку с них покров случайного и обыденного и силою поэзии вырву найденное богатство из лап смерти.

Я начал стыдливо, нерешительно сочинительствовать, и постепенно несколько тетрадей заполнились стихами, набросками и коротенькими рассказами. Они не сохранились, да и были, вероятно, отнюдь не шедеврами, хотя и принесли мне немало волнений и тайного блаженства. Критика и трезвая самооценка последовали за этими первыми поэтическими опытами лишь спустя некоторое время, а неизбежное первое, большое разочарование настигло меня уже в последний год учебы. Я уже отрекся от многих своих литературных первенцев и вообще смотрел на свою писанину с возрастающим недоверием, когда в руки мне случайно попалось несколько томиков Готфрида Келлера, которые я тотчас же прочел — и два, и три раза подряд. И тут, озаренный внезапным прозрением, я понял, как далеки были мои незрелые фантазии от настоящего, аскетически строгого, истинного искусства, сжег свои стихи и рассказы и, превозмогая жестокие муки похмелья, трезво и печально взглянул на жизнь.

2

Если говорить о любви, то тут я так и остался на всю жизнь недорослем. Любовь к женщине для меня есть некий очищающий культ, упругое пламя, воспылавшее из туманности моей тоскующей души, руки, в молитве воздетые к сияющим небесам. Под наитием чувств, связывавших меня с матерью, и своих собственных, неизъяснимых чувств я почитал всех женщин как некий чуждый нам, прекрасный и загадочный род, превосходящий нас врожденною красотой и цельностью души, к которому нам надлежит относиться с благоговением, ибо он, подобно небесным светилам и голубым горным высям, бесконечно далек от нас, а стало быть, ближе к Богу. Поскольку, однако, суровая жизнь и тут всегда оставляла за собой последнее слово, то от женской любви мне доставалось больше горечи, чем сладости; правда, женщины неизменно оставались на своих пьедесталах, моя же торжественная роль коленопреклоненного жреца с необыкновенной легкостью превращалась в постыдно-комическую роль одураченного шута.

Рози Гиртаннер я встречал почти каждый день по дороге в гимназическую столовую. Это была девица семнадцати лет, с ладною, гибкою фигурой. Узкое, нежно-смуглое лицо ее дышало тихой одухотворенной красотой, которую еще не утратила с возрастом и ее мать и которая досталась обеим по наследству от бабок и прабабок. Этот старинный, знатный и обласканный судьбою род взрастил, поколение за поколением, целую плеяду необыкновенных женщин, кротких, отмеченных изысканным благородством и наделенных свежей, безупречной красотой. Есть портрет молоденькой девушки из семейства Фуггеров, написанный в шестнадцатом веке неизвестным мастером, одна из удивительнейших картин, когда-либо попадавшихся мне на глаза. Такими приблизительно и были гиртаннерские женщины; такою же была и Рози.

Всего этого я тогда, конечно, еще не знал. Я только видел, как она идет по улице, исполненная кроткого достоинства, и упивался скромным благородством ее светлого облика. Всякий раз после этого я долго сидел в сумерках, упорно пытаясь отчетливо представить себе ее образ, и, когда мне это наконец удавалось, мальчишечья душа моя сладко сжималась и словно покрывалась гусиною кожей. Однако вскоре эти мгновения блаженства были омрачены, а затем и вовсе обратились в жестокие муки.

Я осознал вдруг, что я чужой для нее, что она не знает меня и никогда не спросит обо мне и что в радужных грезах своих я уподобляюсь вору, тайно крадущему эту благословенную красу. И именно в те минуты, когда я ощущал это особенно остро и болезненно, образ ее представал перед мысленным взором моим с такою яркостью, таким животрепещущим, что в груди моей вздымалась темная, горячая волна и, затопив сердце, разливалась по жилам нестерпимым огнем.

Днем волна эта нередко настигала меня во время урока или в самый разгар кулачной битвы. И тогда я закрывал глаза, руки мои бессильно опускались, и мне казалось, будто я неудержимо скольжу в некую теплую бездну, пока голос учителя или удар противника не приводил меня в чувство. Я тотчас уединялся, выбегал на улицу и, изумленный, весь во власти причудливых грез, не узнавал окружающий меня мир. Я словно впервые видел его красоту, многоцветье, видел, как свет и дыхание жизни пронизывают все предметы и вещи, видел прозрачную зелень реки и кирпичный румянец крыш, и горную синеву. Эта обступившая меня красота не могла, однако, рассеять моей тоски, я просто любовался ею с тихой печалью. Чем прекраснее была увиденная мною картина, тем отчужденней казалась она мне, стороннему зрителю, не имеющему к ней никакого отношения. Мои тягостные мысли вскоре пробивали себе дорогу сквозь эту картину обратно к Рози: если бы я умер сейчас, она не узнала бы этого, не спросила бы обо мне и не опечалилась бы моей смертью.

И все же я не испытывал потребности быть замеченным ею. Я готов бы совершить ради нее или подарить ей что-нибудь неслыханное и остаться в неизвестности.

И я и в самом деле совершил ради нее немало подвигов. В ту пору как раз начались короткие каникулы, и я был отправлен домой. Там я каждый день являл всевозможные чудеса отваги и ловкости, посвященные Рози. Я поднялся на одну из труднодоступных вершин по самому отвесному склону. Я совершал геройские путешествия по озеру в нашем челноке, проходя на веслах большие расстояния за короткий срок. Возвратившись как-то раз из одной такой поездки, изголодавшийся, с запекшимися от жажды губами, я вдруг неожиданно для себя самого принял решение до вечера не прикасаться ни к еде, ни к питью. Все ради Рози Гиртаннер. Я возносил ее имя и хвалебную песнь своего сердца на самые отдаленные хребты и не расставался с ними, спускаясь в самые угрюмые, избегаемые людьми ущелья.

Тем временем взращенная в четырех стенах гимназическая юность моя брала свое. Плечи мои широко развернулись, лицо и шея покрылись бронзовым загаром, и по всему телу раскатывались набухающие мускулы.

В предпоследний день каникул я возложил на алтарь моей любви букет цветов, добытых едва ли не ценою жизни. Я знал множество заманчивых склонов, где на узеньких лоскутах земли растут эдельвейсы, но эти болезненно-серебристые цветы без запаха и цвета всегда казались мне бездушными и малопривлекательными. Зато в одной из складок неприступной отвесной скалы, занесенная туда Бог весть каким ветром, одиноко цвела горстка альпийских роз, не менее заманчивых своею недостижимостью. Я должен был достать их! И так как для юности и любви ничего невозможного нет, я в конце концов достиг своей цели, с разодранными в кровь руками и дрожащими от судорожного напряжения ляжками. Для ликующих воплей положение мое было, пожалуй, слишком опасным, но сердце мое пело и плясало от радости, когда я, осторожно срезав жесткие стебли, держал в руках свою добычу. Вниз мне пришлось спускаться спиной к скале, держа цветы в зубах, и одному Богу известно, как я, дерзкий мальчишка, умудрился достичь подножия скалы целым и невредимым. Пора цветения альпийских роз давно миновала, мне достались последние в нынешнем году, еще покрытые почками веточки с нежно алеющими бутонами.

На следующий день я все пять часов своего железнодорожного путешествия не выпускал цветов из рук. Вначале сердце мое гулко колотилось и рвалось в город прекрасной Рози, однако чем больше отдалялось высокогорье, тем сильнее тянула меня обратно врожденная любовь к родным местам. Я по сей день отчетливо помню ту поездку! Зеннальпшток давно уже скрылся из виду; теперь, вершина за вершиной, с сосущей болью отрывая от моего сердца живые частички, опускались за горизонт зубчатые предгорья. И вот все с детства знакомые горные верхушки растворились вдали, и вслед им поплыл из-за спины широкий и низкий светло-зеленый ландшафт. Во время первой моей поездки я ко всему этому остался безучастен. В этот же раз мною овладели тревога, страх и печаль, словно некий судья приговорил меня к бесконечным странствиям по этим плоским землям и к безвозвратному лишению гор и гражданства родины. В то же время я постоянно видел перед собой прекрасное, узкое лицо Рози, такое тонкое, чужое, холодное и безучастное к моим терзаниям, что у меня от горечи и боли перехватило дыхание. За окном вагона проплывали одна за другой веселые, опрятные деревушки с белыми фасадами и стройными башенками церквей; люди входили и выходили, приветствовали друг друга, беседовали, смеялись и шутили, курили трубки и сигары — сплошь жизнерадостные обитатели равнин, прямодушные, ловкие, по-светски обходительные, — а я, неуклюжий увалень с гор, сидел среди них в немой печали, с ожесточенным лицом. Я чувствовал, что у меня больше нет родины. Я понял, что навсегда оторван от гор и что, однако, никогда не смогу стать таким же, как эти равнинные жители, таким жизнерадостным, таким ловким, таким гладким и уверенным в себе. Среди них всегда найдется кто-нибудь, кто посмеется надо мной, кто-то из них однажды женится на Гиртаннер, кто-то из них всегда будет стоять у меня на пути, всюду поспевая раньше меня.

С такими мыслями я и приехал в город. Наспех поздоровавшись с хозяевами, я поднялся в свою мансарду, открыл ящик и извлек из него большой лист бумаги. Бумага была отнюдь не высшего сорта, и когда я завернул в нее свои розы и перевязал их специально для этой цели привезенной из дома ниткой, сверток совсем не похож был на любовный дар. Я с серьезным лицом понес его к дому адвоката Гиртаннера. Там, улучив момент, я вошел в открытые ворота, осмотрелся в по-вечернему сумрачном подъезде и положил бесформенный сверток на ступеньку широкой господской лестницы.

Никто меня не заметил, и я так и не узнал, получила ли Рози мой анонимный привет. Но я карабкался по отвесной стене, рисковал жизнью, чтобы положить у ее порога веточку роз, и в этом для меня было что-то томительно-сладкое, печально-радостное, возвышенное, что и сегодня еще, как и в тот день, согревает мне душу. Лишь порой, в скорбно-глухие часы усталости духа, эта история с альпийскими розами представляется мне, как и все более поздние мои любовные приключения, обыкновенным донкихотством.

У этой первой любви моей не было конца: она просто отзвенела застенчивым, безответным вопросом вместе с моей ранней юностью и затем молча сопутствовала моим более поздним влюбленностям, словно старшая сестра. Я и сегодня еще вряд ли смог бы вообразить что-либо более возвышенное, чистое и прекрасное, чем та юная, высокородная, кроткая патрицианка. А когда я несколько лет спустя на одной исторической выставке в Мюнхене увидел тот безымянный, загадочно-волнующий портрет девушки из рода Фуггеров, мне показалось, будто это сама воскресшая мечтательная и печальная юность моя смотрит на меня пристально и обреченно своими неисповедимыми глазами.

Между тем я постепенно, не спеша, выпростал свою возмужавшую плоть из тесного кокона отрочества и окончательно превратился в юношу. На моей фотографической карточке того времени запечатлен высокий костлявый крестьянский парень в неказистом гимназическом платье, с тусклыми глазами и еще не до конца сформировавшимися, грубовато несуразными членами. Лишь в очертаниях головы было что-то не по летам зрелое и устоявшееся. Со странным чувством, похожим на удивление, замечал я в те дни, вчуже, как покидают меня прежние мальчишечьи манеры и ширится в груди смутная радость предвкушения студенчества.

Учиться мне предстояло в Цюрихе, в случае же особых успехов я, по словам моих покровителей, мог рассчитывать на учебный курс в другом университете. Все это представлялось моему внутреннему взору в виде прекрасной классической картины: приветливо-строгая беседка, украшенная бюстами Гомера и Платона; я сижу в ней, склонившись над фолиантами, а вокруг, куда ни взгляни, далеко и отчетливо видны крыши домов, ручьи и озера, горы и лазурные дали. Взгляд мой на жизнь стал трезвее, зато нрав — еще более пылким, и я радовался своему будущему счастью в твердой уверенности, что окажусь достойным этого счастья.

В последний год моей жизни в гимназии я страстно увлекся изучением итальянского языка и первым знакомством со старыми новеллистами, которых избрал темой для будущей самостоятельной работы в цюрихском университете. И наконец настал день, когда я, простившись с учителями и хозяевами комнатушки под крышей, упаковал и забил гвоздями свой маленький сундучок и в последний раз украдкой пронес свою сладостно-щемящую тоску мимо окон Рози.

Пора последовавших за этим каникул дала мне отведать горечи жизни и грубо поломала прекрасные крылья моей мечты. Первым огорчением стала болезнь матери. Она лежала в постели, почти ничего не говорила, и даже мой приезд не развеселил ее. Не будучи обидчив, я все же был больно задет, не найдя отклика своей радости и юношеской гордости. Затем отец объявил мне, что хотя и не имеет ничего против моего намерения учиться, но денег на учебу дать не может; если маленькой стипендии будет недостаточно для жизни, мне придется самому позаботиться о том, чтобы заработать недостающие деньги; в моем возрасте он уже ел свой собственный хлеб, и так далее, и тому подобное.

Походы по окрестным местам, скалолазание и гребля тоже в этот раз мало порадовали меня, потому что мне пришлось помогать в хозяйстве и на поле, а в оставшееся от работы свободное время у меня ни к чему не было охоты, даже к чтению. Меня возмущала и одновременно расслабляла нахальная бесцеремонность, с какою примитивная, повседневная жизнь ежечасно заявляла о своих правах и пожирала тот избыток молодых сил и бодрости, который я привез с собой. Отец мой, впрочем, с облегчением отделавшись от неприятного денежного вопроса, был хотя и грубоват по обыкновению и скуп на слова, но все же по-своему приветлив со мною, однако меня это не радовало. Мне было досадно и обидно также и то, что вся моя гимназическая ученость и мои книги внушали ему всего лишь молчаливое, полупрезрительное уважение. И, наконец, я часто думал о Рози и вновь испытывал то злое, упрямое чувство своей крестьянской неспособности когда-либо стать «светским», уверенным в себе, ловким мужчиной. Я даже всерьез, целыми днями, обдумывал, не лучше ли остаться в деревне и позабыть свою латынь и свои надежды под неослабевающим, серым гнетом скудной деревенской жизни. Измученный, угрюмый, я бродил словно тень и даже у постели больной матери не находил себе ни покоя, ни утешения. Образ той беседки с бюстом Гомера вновь оживал в моем воображении язвительной усмешкою, и я уничтожал его, изливая на него всю свою злость и враждебность истерзанной души. Недели тянулись невыносимо медленно, так что казалось, будто мне суждено растратить всю свою молодость на эти муки отчаяния и раздвоенности.

Если я удивлен был и возмущен той быстротой и основательностью, с какою жизнь разрушила мои счастливые грезы, то вскоре мне пришлось удивляться тому, как внезапно и властно были оборваны и эти нынешние мучения. Жизнь, явившая мне вначале свою серую, будничную сторону, теперь неожиданно открыла моему изумленно-испуганному взору свои вечные глубины и возложила на плечи моей юности бремя простого, но великого опыта.

Однажды на исходе душной летней ночи, мучимый жаждой, я поднялся с постели и отправился в кухню, где всегда стояла кадка со свежей водой. В спальне родителей, через которую мне нужно было пройти, меня остановили стоны матери, показавшиеся мне странными. Я подошел к ее постели и тихо окликнул ее, но она не видела меня, не отзывалась и продолжала стонать, тихонько, сухо и испуганно; полуопущенные веки ее подрагивали, лицо было иссиня-бледным. Это меня не очень испугало, хотя по спине моей пробежал легкий холодок. Но потом внимание мое привлекли ее руки, лежавшие поверх простыни, неподвижные, чем-то похожие на двух спящих сестер. По этим рукам я понял, что мать умирает, ибо в их неподвижности была такая смертельная усталость и покорность, какую можно увидеть только у умирающего. Позабыв про жажду, я опустился на колени у постели матери, положил ей руку на лоб и попытался поймать ее ускользающий взгляд. Когда мне это удалось, я не прочел в глазах ее мучений, они были исполнены мира, но должны были вот-вот погаснуть. Мысль о том, что надо разбудить отца, жесткое дыхание которого я слышал совсем рядом, не пришла мне в голову. Так я и простоял на коленях почти два часа, глядя, как мать принимает смерть. Она приняла ее тихо, серьезно и мужественно, как и подобало ее характеру, и явила тем самым мудрый пример для меня.

Объятая тишиной комнатушка медленно заполнялась светом нарождающегося дня; деревня еще спала, и ничто не мешало мне провожать эту покидающую земной мир душу, мысленно тянуться за ней, воспарившей над кровлями домов, над озером и снежными вершинами, в холодный, чистый эфир предутреннего неба. Боли я почти не чувствовал, ибо не помнил себя от благоговейного изумления, в которое повержен был открывшимся мне великим таинством смерти, зрелищем замкнувшегося на моих глазах с легкой дрожью жизненного круга. А в мужественной безропотности умирающей было столько величия, что и в мою душу упал прозрачный, холодноватый луч из тусклого нимба над этой тихо закатившейся жизнью. То, что рядом спал отец, что не было в эти минуты священника, что возвращение души на небо происходило без причастия и освящающей молитвы, меня не заботило. Я чувствовал лишь, как струится сквозь сумрак спальни и обволакивает все мое существо леденящее дыхание вечности.

В последний миг, когда глаза матери уже померкли, я первый раз в жизни прикоснулся губами к ее холодеющим, вялым устам. И странно-чужие холодные уста эти обожгли меня внезапным ужасом; я присел на край постели и заметил, что по щекам моим медленно, одна за другой, катятся крупные слезы и, сорвавшись с подбородка, падают мне на руки.

Вскоре после этого проснулся отец, увидел меня сидящим на постели и спросил заспанным голосом, в чем дело. Я хотел ответить ему, но не смог произнести ни звука, молча вышел из спальни, с трудом, как во сне, добрался до своей комнаты и медленно, сам того не сознавая, принялся одеваться. На пороге показался отец.

— Мать померла, — промолвил он. — Ты знал это?

Я кивнул.

— Почему же ты меня не разбудил? И священника не было!.. Чтоб тебе!.. — он разразился страшным проклятием.

Тут в голове моей словно вдруг болезненно лопнул маленький кровеносный сосуд. Я подошел к отцу, схватил его за обе руки — по силе он был против меня ребенком — и посмотрел ему в глаза. Сказать я в тот миг ничего не мог, но он вдруг затих и обмяк, и, когда мы с ним вместе вновь вошли в спальню к матери, он тоже наконец проникся величием смерти, и лицо его сделалось чужим и торжественным. Потом он склонился над покойной и тихонько, по-детски жалобно запричитал слабым, тоненьким голосом. Я отправился к соседям, чтобы сообщить им о смерти матери. Они молча выслушали меня, молча пожали мне руку и без лишних слов предложили свою помощь нашему осиротевшему дому. Один из них поспешил в монастырь за священником, а когда я вернулся домой, в хлеву, у нашей коровы, уже хлопотала соседка.

Пришел священник, собрались почти все женщины деревни; все шло своим чередом, как положено, и получалось словно само собою, даже гроб появился без нашего участия, и я впервые подумал: как хорошо во время жизненных невзгод иметь над головою отчий кров и ощущать свою принадлежность маленькой, надежной общине близких людей! Впрочем, на следующий день я был уже весьма далек от того, чтобы отождествлять эту мысль с истиной.

Ибо когда гроб был благословлен и предан земле и унылые, старомодные, нелепо торчащие цилиндры вновь исчезли в своих коробках и шкафах, на бедного отца моего обрушился приступ слабости. Он вдруг принялся жалеть самого себя и изливать мне свое горе в вычурных, библейских выражениях, сетовал, что вот, едва успев похоронить жену, он должен лишиться и сына, уезжающего в чужие края. Причитаниям его не было конца; я слушал его с ужасом и почти готов был уже дать старику обещание не покидать его.

Вдруг — когда я уже разомкнул уста для ответа — со мной произошло нечто странное. Внутреннему оку моему внезапно, за одну-единственную секунду, как на ладони, предстало все то, с чем еще в детские годы связаны были мои помыслы, мои заветнейшие мечты и надежды. Я увидел большие, светлые дела, ждущие меня где-то за горизонтом, книги, написанные кем-то для меня, и книги, которые я должен написать для других. Я услышал дыхание фёна, увидел далекие, заповедные озера с живописными берегами, сверкающие по-южному горячими красками. Я увидел людей с умными, одухотворенными лицами, красивых, изящных женщин, увидел дороги и ведущие через горные перевалы альпийские тропы, и манящие в дальние страны стремительные рельсы — все слито воедино и вместе с тем каждый предмет сам по себе, отчетлив и ярок, и за всем этим бескрайние, ясные дали, осененные летучими облаками. Учиться, творить, созерцать и странствовать — вся полнота жизни блеснула передо мной мимолетной картиной, как бы сквозь влажно-серебристую пелену прищуренных глаз, и вновь, как некогда в детстве, во мне что-то задрожало и потянулось навстречу великой дали, подчиняясь ее могучему зову.

Я промолчал и, не противореча отцу, а лишь покачивая головой, предоставил ему беспрепятственно роптать на свой жребий, в надежде на то, что пыл его в конце концов иссякнет сам по себе. Случилось это, однако, лишь под вечер. И тогда я объявил ему о своем твердом решении учиться и искать себе новую родину в царстве духа и о том, что не намерен обременять его расходами на мое содержание. Он уже более не докучал мне плаксивыми речами, а лишь смотрел на меня жалобно, покачивая головой. Ибо он наконец понял, что отныне я пойду своей дорогой и очень скоро стану ему совсем чужим. Теперь, когда я пишу эти строки и вспоминаю тот вечер, я вновь вижу отца сидящим на стуле у окна. Я вижу его четко очерченную, умную крестьянскую голову, неподвижно застывшую на тонкой шее, его суровые, словно высеченные из камня, строгие черты, короткие седеющие волосы, вижу, как борется в нем упрямая мужская стойкость с болью и подступающей старостью.

Об отце и о моем тогдашнем пребывании под родительским кровом мне осталось рассказать лишь одну коротенькую, но небезынтересную историю.

Как-то раз вечером, в один из последних дней перед моим отъездом, отец надел шляпу и направился к двери.

— Куда ты идешь? — спросил я.

— А тебе что за дело до этого? — ответил он.

— Мог бы и сказать мне, если это не секрет, — обиделся я.

Он рассмеялся и воскликнул:

— Если хочешь, можешь пойти со мной, ты ведь уже не маленький.

И я пошел. В трактир.

Несколько крестьян сидели за кувшином галлавского; двое заезжих кучеров пили полынную водку. Молодые парни за отдельно стоящим столом с преувеличенным весельем и ухарством играли в ясс*.

Выпить иной раз бокал вина мне было не в диковинку, но тут я впервые без нужды переступил порог трактира. Я знал, что отец мой слывет быва-

---

* Швейцарская карточная игра.

лым бражником. Он пил много и умело, и поэтому хозяйство его, несмотря на то что его трудно было упрекнуть в нерадивости или лени, всегда было безнадежно чахлым и немощным. Мне бросилось в глаза, с каким уважением встретили отца хозяин трактира и его гости. Он заказал литр ваадтлендского и велел мне наполнить бокалы, поучая меня при этом, как следует разливать вино: вначале нужно держать бутылку низко, над самым краем бокала, постепенно удлиняя струю, а затем вновь опустить горлышко как можно ниже. Затем он принялся рассказывать о разных винах, которые ему довелось отведать и которые он пивал, изредка выбираясь по делам в город или — еще реже — попадая в чужие места. С почтительным уважением поведал он о трех известных ему сортах темно-красного фельтлинского. Потом, понизив голос, проникновенно заговорил о некоторых разновидностях бутылочного ваадтлендского. И наконец, уже почти шепотом и с выражением сказочника на лице, он раскрыл передо мной особенности невшательского: есть будто бы такие сорта этого вина определенного урожая, пена которых принимает в бокале очертания звезды. Он нарисовал эту звезду на крышке стола смоченным указательным пальцем. После этого он, дав волю своей распаленной фантазии, пустился в мечтательные рассуждения о достоинствах шампанского, которого никогда в своей жизни не пробовал и о котором думал, что одной бутылки его достаточно, чтобы двое мужчин свалились под стол, мертвецки пьяные.

Спустя некоторое время он умолк и задумчиво раскурил свою трубку. Заметив, что мне нечего курить, он дал мне десять раппов на сигары. Дымя друг другу в лицо и не спеша прихлебывая из своих бокалов, мы допили первый литр. Желтое пикантное ваадтлендское показалось мне превосходным. Крестьяне за соседним столом вначале нерешительно, затем все смелее вступали в наш разговор и в конце концов осторожно, один за другим, солидно покашливая, перебрались к нам. Вскоре предметом разговора стал и я, и тут выяснилось, что моя скромная слава скалолаза еще не забыта. И полились полные мифического тумана рассказы об отважных восхождениях и неслыханных падениях, достоверность которых с одинаковым жаром оспоривалась и защищалась. Между тем мы уже почти управились со вторым литром, и кровь в голове моей гудела, как тугой ливень. Совершенно вопреки своей натуре я начал громко хвастать и рассказал между прочим и о том дерзком трюке в верхней части отвесной стены Зеннальпштока, где я добыл альпийские розы для Рози Гиртаннер. Мне не поверили, я клялся и божился, меня подняли на смех, я пришел в ярость. Я предложил каждому, кто мне не верит, помериться со мною силой и заносчиво объявил, что если захочу, то уложу на лопатки всех их, вместе взятых. Тут в разговор вмешался старый кривой мужичонка, который, подойдя к столу, положил на него большой фаянсовый кувшин.

— Послушай-ка, что я тебе скажу, парень, — со смехом произнес он. — Если ты такой сильный —

разбей кувшин кулаком и получишь за наш счет столько вина, сколько помещается в этот кувшин. А не сможешь — платить будешь ты.

Отец тотчас же дал за меня согласие. Я поднялся из-за стола, обмотал руку носовым платком и ударил по кувшину. Первые две попытки оказались безуспешными. С третьего удара кувшин развалился на куски.

— Плати! — возликовал мой отец, сияя от гордости.

Старик не возражал.

— Хорошо, — сказал он. — Я плачу за вино, которое поместится в этот кувшин. Только поместится-то в него теперь не так уж и много.

Конечно же, теперь даже в самый крупный черепок не поместилось бы и кружки, так что в придачу к боли в руке мне достались и насмешки. Теперь и отец посмеялся надо мной вместе со всеми.

— Хорошо же! Считай, что ты выиграл! — вскричал я и, наполнив черепок покрупнее из нашей бутылки, вылил вино старику на голову.

Мы опять были на коне, и гости подтвердили нашу победу одобрительным хохотом и громкими возгласами.

Дело, однако, этим не закончилось: ядреные шутки и забавы продолжались еще долго. А потом отец потащил меня домой, и наконец мы с пьяным грохотом ввалились в ту самую комнату, в которой еще каких-нибудь две-три недели назад стоял гроб матери. Я замертво рухнул на постель и утром поднялся совершенно больной и разбитый. Отец, бодрый и веселый, посмеивался надо мной, очевидно, радуясь своему превосходству. Я про себя зарекся впредь бражничать и с томительным нетерпением стал поджидать день отъезда.

День этот наступил, зарока же своего я не сдержал. Желтое ваадтлендское, темно-красное фельтлинское, невшательское «звездное» и множество других вин с тех пор вошли в мою жизнь и стали мне закадычными друзьями.

3

Оставив позади пресные, тягостно-скучные небеса родины, я воспарил в лазоревые выси свободы и блаженства. Если жизнь порой и обделяла меня чем-либо, то все же странною, мечтательно-радостною молодостью своей я насладился сполна. Подобно юному витязю, прилегшему отдохнуть на опушке цветущего леса, я жил в благостном волнении между борьбою и невинными шалостями; в вещем молчании стоял я, словно провидец, над темными безднами, внимая гулу великих потоков и бурь, и душа моя готовилась постигнуть созвучие вещей и гармонию жизни. Трепеща и ликуя, жадно пил я из наполненной до краев чаши молодости, испытывал в одинокой тиши сладостные муки любви к прекрасным, робко почитаемым мною женщинам и удостоился изысканнейшего из всех видов юношеского счастья — по-мужски радостной и чистой дружбы, которую судьба отмерила мне щедрою мерой.

Одетый в новый костюм из ворсистой шерсти и снаряженный сундучком с книгами и прочими пожитками, я прибыл в чужой город с твердым намерением отвоевать себе кусок мира и как можно скорее доказать своим неотесанным землякам, что я-то не такой, как все остальные Каменцинды, что я сделан из другого теста. Три удивительнейших года прожил я в высокой, открытой всем ветрам мансарде — учился, стихотворствовал, тосковал, согреваемый обступившей меня со всех сторон красотою земли. Не всякий день баловал меня разносолами, но во всякий день, и во всякую ночь, и во всякий час смеялось и пело и плакало мое сердце, исполненное могучей радости, и льнуло с ревнивой нежностью к лону жизни.

Цюрих был первым большим городом, увиденным мною, желторотым птенцом, и недели две или три я не мог оправиться от изумления. Правда, откровенно восхищаться городской жизнью или завидовать горожанам мне не приходило и в голову — тут я был верен своим крестьянским корням; однако меня радовала эта пестрая неразбериха улиц, домов и людей. Я с любопытством осматривал переулки, изобилующие повозками и колясками, пристани, площади, сады, дворцы и церкви; я видел спешащий на работу трудолюбивый мастеровой люд, беспечно бредущих по своим делам студентов, праздно разгуливающих по улицам туристов, разъезжающих в каретах аристократов, красующихся своими уборами городских франтов. Модно-элегантные, чванливые жены местных богачей напоминали мне пав на птичьем дворе: такие же красивые, гордые и немного смешные. Робким я, собственно говоря, не был, отличаясь, однако, некоторой скованностью и упрямством, и потому нисколько не сомневался, что мне не составит труда хорошенько разобраться в этой бойкой городской жизни, а затем и самому найти в ней надежное место.

Молодость настигла меня в образе красивого юноши, учившегося в этом же городе и снимавшего две милые комнатки во втором этаже моего дома. Каждый день я слышал, как он у себя внизу играет на фортепьяно, и тут я наконец впервые почувствовал нечто вроде очарования музыки, самого женственного и сладчайшего из искусств. Я видел, как юноша этот выходил из дому: в одной руке книга или нотная тетрадь, в другой сигарета, дым от которой, не поспевая за его упругой, ладной походкой, вихрился и таял у него за спиной. Меня влекла к нему застенчивая любовь, но я продолжал хранить верность своему одиночеству, не решаясь свести дружбу с человеком, рядом с которым бедность моя и весьма далекие от совершенства манеры, еще более подчеркнутые его легкой, свободной натурой и достатком, обратились бы для меня в источник унижений. Однако вскоре он сам пришел ко мне. Как-то раз вечером в дверь мою постучали. Я испуганно вздрогнул, так как до этой минуты никто меня не навещал. Красавец студент вошел, подал мне руку, назвал свое имя и вообще вел себя так непринужденно и весело, словно мы были старыми знакомыми.

— Я только хотел спросить, нет ли у вас охоты немного помузицировать со мной, — промолвил он дружелюбно.

Но я никогда не держал в руках музыкального инструмента и сказал ему об этом, прибавив, что не знаком ни с одним искусством, кроме йодлеров, и что, однако, с восторгом слушал его прекрасную игру на фортепьяно.

— Как, право, обманчива внешность! — воскликнул он весело. — Глядя на вас, я готов был поклясться, что вы музыкант. Странно! Так вы, стало быть, умеете петь йодлеры? О, прошу вас, спойте мне! Я обожаю их слушать!

Я был чрезвычайно смущен и объяснил ему, что вот так просто, по требованию, да еще и в комнате, вовсе не умею петь йодлеров, что их поют в горах или хотя бы под открытым небом, а главное — повинуясь своему собственному желанию.

— Так спойте в горах! Может быть, завтра? Очень вас прошу! Мы могли бы под вечер вместе отправиться за город. Погуляем, поболтаем; вы споете, а потом мы поужинаем в какой-нибудь деревушке. У вас ведь найдется время?

О да, времени у меня было достаточно. Я поспешил дать свое согласие. А потом я попросил его сыграть мне что-нибудь, и мы вместе сошли вниз, в его большую красивую квартиру. Несколько картин в модных рамах, фортепьяно, легкий романтический беспорядок и тонкий аромат сигарет сообщали этим двум милым комнаткам некий совершенно новый для меня характер, создавали некую атмосферу свободы и элегантного уюта. Рихард сел к фортепьяно и заиграл.

— Вы, конечно же, знаете эту вещь, — кивнул он мне, сыграв несколько тактов, и это мимолетное движение его — поворот красиво очерченной головы в сторону от клавиш инструмента и обращенный ко мне сияющий взгляд — было восхитительно.

— Нет, — ответил я, — я не знаю ничего.

— Это Вагнер, — пояснил он, не прерывая игры, — из «Мейстерзингеров».

Музыка, легкая и вместе с тем исполненная силы, щемящая и в то же время проникнутая светом, струилась по извивам моей души и ласкала ее, словно теплая, возбуждающая ванна. При этом я с тайным блаженством любовался стройной шеей и спиной пианиста и его белыми музыкальными руками, объятый тем же робким и восторженным чувством нежности и уважения, с которым когда-то любовался темноволосым гимназистом, и во мне едва заметно шевельнулось предчувствие, что красивый, породистый юноша этот, может быть, и в самом деле станет мне другом и старая, незабытая мечта моя о такой дружбе наконец сбудется.

Через день я зашел за ним. Мы не спеша пустились в путь, поднялись, беззаботно болтая, на невысокий холм, полюбовались на раскинувшийся внизу город, на озеро и сады и насладились сочной красотой раннего вечера.

— Ну, а теперь пойте! — воскликнул Рихард. — Если вы все еще стесняетесь, повернитесь ко мне спиной. Но только, пожалуйста, громко!

Ему не пришлось обмануться в своем ожидании: я разразился яростно-ликующими звуками, изощряясь на все лады и тональности, посылая в розовые закатные дали йодлер за йодлером. Когда я смолк, он хотел было что-то сказать, но тотчас же замер и, указав рукой на горы, прислушался. С какой-то далекой вершины, словно эхо, донесся ответ, тихие, протяжные звуки, набирающие силу, — приветствие пастуха или странника, — и мы в радостном молчании внимали этим звукам. И когда мы стояли плечо к плечу, обращенные в слух, меня обожгло вдруг мгновенным сладким трепетом сознание того, что я впервые делю красоту этих пепельно-розовых облачных далей со своим другом. Вечернее озеро уже начало свою мягкую игру красок, а перед самым заходом солнца я увидел, как из тающего марева на горизонте подъемлют свои упрямые головы-гребни альпийские вершины.

— Там моя родина, — сказал я. — Средняя вершина — это Алая Круча, слева Козий Рог, а справа, чуть дальше — круглая макушка Зенальпштока. Мне было ровно десять лет и три недели, когда я в первый раз ступил на эту широкую верхушку.

Я напряг зрение, пытаясь разглядеть также хотя бы одну из южных вершин. Спустя некоторое время Рихард что-то произнес, но я не расслышал его слов.

— Что вы сказали? — переспросил я.

— Я говорю, что теперь мне понятно, каким искусством вы занимаетесь.

— Каким же?

— Вы — поэт.

Я вспыхнул от смущения и досады и одновременно поразился его проницательности.

— Нет! — воскликнул я. — Я не поэт. Правда, я сочинял стихи в гимназии, но уже давно бросил.

— Могу ли я взглянуть на них?

— Я их сжег. Но даже если бы они у меня были, я бы их вам не показал.

— Это, наверное, было что-нибудь очень модное, в духе Ницше?

— А что это такое?

— Ницше? Боже милостивый! Вы его не знаете?

— Нет. Откуда же я могу его знать?

Он был в восторге от того, что я не знаю Ницше. Я же, рассердившись, спросил его, сколько ему довелось пересечь ледников. И когда он ответил, что ни одного, я в свою очередь тоже изобразил насмешливое удивление. Тогда он положил мне руку на плечо и серьезно произнес:

— Вы очень чувствительны. А между тем вы даже не подозреваете, что могли бы гордиться своею завидной неиспорченностью и что такие люди, как вы, — большая редкость. Через год или два вы будете знать и Ницше, и прочий вздор еще лучше, чем я, потому что вы основательнее и умнее. Но вы мне нравитесь именно таким, каков вы теперь. Вы не знаете Ницше и Вагнера, зато вам хорошо знакомы снежные вершины, и у вас такое интересное горское лицо. И к тому же вы совершенно определенно поэт. Об этом мне говорят ваши глаза и ваш лоб.

То, что он так откровенно, без стеснения меня разглядывал и прямодушно выкладывал свое мнение, тоже удивило меня и показалось мне странным.

Однако еще более удивил и осчастливил он меня, когда в одном модном открытом ресторанчике, восемь дней спустя, он, выпив со мною на брудершафт, вскочил на ноги и при всех обнял, поцеловал меня и, как сумасшедший, закружил вокруг столика.

— Что о нас подумают люди! — робко заметил я.

— Люди подумают: эти двое или безмерно счастливы, или безмерно пьяны; большинство же из них и вовсе ничего не подумает.

Вообще говоря, Рихард, несмотря на то, что был старше и умнее меня, лучше воспитан и во всем более ловок и тонок, чем я, все же часто казался мне настоящим ребенком. На улице он с насмешливой торжественностью заигрывал с девчонками-подростками; музицируя, он мог серьезнейшую вещь оборвать какой-нибудь совершенно нелепейшею, детскою шуткой, а когда мы с ним как-то раз забавы ради вместе отправились в церковь, он вдруг посреди проповеди задумчиво и важно произнес:

— Послушай, ты не находишь, что священник похож на состарившегося кролика?

Я же, про себя отдав должное меткости сравнения, заметил, что он мог бы сказать мне об этом и после.

— Но если это так и есть! — обиженно надул губы Рихард. — А до конца службы я бы наверняка уже об этом позабыл.

То, что шутки его далеко не всегда были остроумны, а зачастую и просто сводились к цитированию той или иной стихотворной строки из Буша, ничуть не смущало ни меня, ни знакомых: мы любили его не за шутки, не за ум, а за неистощимое веселье его светлой, ребячьей души, ежеминутно прорывавшееся и создававшее вокруг него легкую, радостную атмосферу. Оно проявлялось то в жесте, то в тихом смехе, то в озорном взгляде, ибо долго скрываться оно не умело. Я убежден, что оно у него находило себе выход, даже когда он спал — в виде внезапного смеха или веселого возгласа.

Рихард часто сводил меня с другими молодыми людьми: студентами, музыкантами, художниками, литераторами, всевозможными иностранцами. Ибо все любители искусства, все интересные и оригинальные личности в городе неизбежно попадали в круг его общения. Среди них были и серьезные, искренние искатели истины — философы, эстетики, социалисты, — и многим из них я обязан изрядной долей своей скромной премудрости. Обрывочные знания из различнейших областей сами падали мне в руки; я дополнял и умножал их усердным чтением и постепенно составил себе таким образом определенное представление о том, что пленяло и мучило самые беспокойные умы современности, испытав на себе, кроме того, благотворно-стимулирующее влияние духовного интернационала. Их желания, предчувствия, труды и идеалы были мне близки и понятны, но не вызывали во мне могучего, идущего изнутри порыва разделить с ними их борьбу за или против чего-либо. Я видел, что у большинства из них вся энергия мысли и страсти направлена на существующие порядки, устройство общества, государства, на состояние науки, искусства, методов обучения, и лишь у немногих замечал я признаки потребности без всякой видимой цели созидать самого себя и выяснить свои личные отношения с временем и вечностью. Да и во мне самом потребность эта пока что лишь дремала.

Новых дружеских связей я не искал, весь во власти безраздельной и ревнивой любви к Рихарду. Я старался, как мог, оградить его и от женщин, с которыми он обращался с приятельскою вольностью и проводил, на мой взгляд, чересчур много времени. Договорившись с ним о встрече даже по самым ничтожным поводам, я был до нелепости пунктуален и обижался, если он заставлял меня ждать. Как-то раз мы решили вместе отправиться кататься на лодке. Я зашел за ним, как он просил меня, в условленное время, но его дома не оказалось, и я тщетно прождал его целых три часа. Встретив его через день после этого, я стал горячо пенять ему за его небрежность.

— Да отчего же ты не пошел на реку один? — удивленно рассмеялся он. — Я совершенно забыл про наш уговор. Но, право, не такая уж это трагедия!

— Я привык держать свое слово, — ответил я резко. — Хотя я, разумеется, привык и к тому, что ты можешь преспокойно заниматься своими делами, зная, что я жду тебя. У тебя ведь так много друзей!

Он посмотрел на меня с искренним изумлением:

— Ба, да ты, кажется, и в самом деле принимаешь так близко к сердцу любую безделицу!..

— Дружба для меня не безделица.

— «Он речь ту в сердце заключил и вмиг исправиться решил...»* — торжественно продекламировал Рихард, затем, обхватив мою голову и потеревшись кончиком носа о мой нос по восточному любовному обычаю, принялся ласково тормошить меня и не унимался до тех пор, пока я с сердитым смехом не вырвался из его объятий; дружба, однако, была спасена.

В мансарде моей высились груды одолженных мною и наскоро прочитанных, отчасти драгоценнейших томов: современные философы, поэты и критики, литературные альманахи из Германии

---

* Цитата из книги немецкого писателя-юмориста Вильгельма Буша «Благочестивая Елена».

и Франции, новые театральные пьесы, парижские фельетоны и модные венские эстеты. С большей основательностью и любовью занимался я своими старыми итальянскими новеллистами и историческими исследованиями. Во мне укрепилось желание как можно скорее избавиться от филологии и всецело посвятить себя изучению истории. Наряду с трудами по всемирной истории и изысканиями в области исторического метода я читал источники и монографии, посвященные позднему средневековью в Италии и Франции. При этом я наконец как следует узнал замечательнейшего из людей, своего любимца Франциска Ассизского, блаженнейшего и божественнейшего из всех святых. Так былые грезы мои, в которых мне когда-то открылась вся полнота жизни и все величие духа, ежедневно оборачивались для меня реальностью, питая душу честолюбием, радостью и юношеским тщеславием. В аудитории я предавался серьезной, несколько сухой, а временами и скучноватой науке. Дома меня ждал привычный мир то кротко-благочестивых, то жутких историй средневековья или милых сердцу старых новеллистов, и прекрасный, уютный мир этот обнимал меня, словно таинственный, лиловый сумрак волшебной сказки; а порой я вместо этого часами внимал бурливому потоку современных идеалов и страстей. Все это перемежалось с музыкой, шутками Рихарда, участием в сходках его друзей, общением с французами, немцами, русскими, слушанием весьма странных модернистских книг, читаемых вслух, посещением ателье художников или зваными вечерами, на которых собиралось множество экзальтированных, зыбких умов, окружавших меня, словно некий фантастический карнавал.

Однажды в воскресный день мы с Рихардом забрели на маленькую выставку новых картин. Друг мой остановился перед небольшим полотном, изображавшим горное пастбище с несколькими козами. Это была прилежно написанная и довольно милая, однако несколько старомодная и, в сущности, лишенная художественной изюминки работа. Подобными картинками, красивыми и маловыразительными, изобилует любой салон. И все же мне было приятно увидеть весьма похожий образчик родного альпийского края. Я спросил Рихарда, что его так привлекло в этой картинке.

— А вот что, — ответил он и указал на подпись художника в углу холста; мне, однако, не удалось разобрать красновато-коричневые буквы.

— Сама картина — не Бог весть какой шедевр. Есть и поинтереснее. Но вряд ли ты найдешь женщину поинтереснее той, которая ее нарисовала. Ее зовут Эрминия Альетти, и, если ты хочешь, мы можем завтра заглянуть к ней и сказать ей, что она великая художница.

— Ты ее знаешь?

— Еще бы. Если бы ее картины были так же хороши, как она сама, она бы давно уже разбогатела и бросила писать их. Она пишет их вовсе не из любви к живописи, а оттого лишь, что не выучилась ничему другому, чем могла бы себя прокормить.

Рихард тут же забыл об этой затее и вспомнил о ней лишь спустя две-три недели.

— Вчера мне повстречалась Альетти. Мы ведь, кажется, хотели ее навестить. Идем же! У тебя, я надеюсь, найдется свежий воротничок? Она всегда обращает на это внимание.

Воротничок нашелся, и мы вместе отправились к Альетти. Мне это стоило некоторого усилия над собою, ибо та свободная, несколько развязная манера обращения Рихарда и его товарищей с девицами из художественной богемы и студентками всегда раздражала меня: мужчины были довольно бесцеремонны, то ироничны, то грубы, девушки же — практичны, умны и пронырливы, и ни у одной из них я не находил даже намека на тот благоуханный ореол целомудрия, который и делал женщин предметом моего преклонения.

Не без смущения переступил я порог ателье. Воздух живописных мастерских мне хорошо был знаком, но в дамском ателье я оказался впервые. Оно имело довольно строгий и очень опрятный вид. Три-четыре готовые картины в рамах висели на стенах, еще одна, едва начатая, возвышалась на мольберте. Оставшаяся часть стен была покрыта чистенькими, аппетитными карандашными эскизами; довершал обстановку полупустой книжный шкаф. Хозяйка холодно выслушала наши слова приветствия. Она отложила в сторону кисть и, не снимая фартука, прислонилась спиной к шкафу;

по всему видно было, что у нее нет охоты попусту терять с нами время.

Рихард принялся осыпать ее немыслимыми комплиментами по поводу выставленной картины. Она высмеяла его и велела ему замолчать.

— Но позвольте, фройляйн, а вдруг я имею намерение приобрести картину! Кстати, коровы на ней показаны с такою истинностью, что...

— Там же козы, — спокойно произнесла она.

— Козы? Ну конечно же, разумеется, козы! Да, так вот я хотел сказать, с такою основательностью, что я был совершенно поражен. Эти козы — они выглядят так живо, так естественно, я бы сказал, так... по-козьи! Спросите моего друга Каменцинда, он сам дитя гор; он непременно согласится со мною.

Я, между тем, смущенно и в то же время со скрытым весельем слушавший его болтовню, вдруг почувствовал на себе проворный, но цепкий взгляд художницы. Она изучала меня долго и беззастенчиво.

— Вы горец?

— Да, фройляйн.

— Это заметно. Ну, а что вы скажете о моих козах?

— О, они определенно хороши. Во всяком случае, я не принял их за коров, как Рихард.

— Это очень мило с вашей стороны. Вы музыкант?

— Нет, студент.

Больше она не сказала мне ни слова, и я, воспользовавшись тем, что меня оставили в покое, смог ее как следует рассмотреть. Фигуру ее искажал длинный фартук, а лицо показалось мне некрасивым: очерк его был чересчур резок и лаконичен, в глазах сквозила строгость, зато волосы у нее были пышные, черные и мягкие. То, что меня в ней неприятно поразило и даже показалось мне отталкивающим, — был ее цвет лица. Он решительно напоминал мне горгонцолу*, и я бы не удивился, если бы вдруг разглядел на ее коже зеленые прожилки. Я еще никогда не видел этой романской бледности, а в неверном утреннем свете ателье лицо Альетти казалось еще более бескровным, высеченным из камня — но не из мрамора, а из обветренного, выбеленного временем песчаника. К тому же я, не привыкший исследовать женские лица на предмет их форм, всегда по мальчишечьи наивно искал в них прежде всего нежного блеска, румянца, юной прелести.

Рихард тоже был разочарован нашим визитом. Тем более удивлен я был, или вернее испуган, когда он спустя некоторое время сообщил мне, что Альетти просит меня оказать ей честь, согласившись позировать ей. Речь идет всего лишь о нескольких набросках; лицо мое ей не нужно, зато в моей широкой фигуре есть что-то типическое.

Однако, прежде чем мы вновь вернулись к этому разговору, произошло небольшое собы-

* Сорт сыра «с плесенью», получивший название от населенного пункта в провинции Милан.

тие, резко изменившее мою жизнь и на долгие годы определившее мою дальнейшую судьбу. Проснувшись в одно прекрасное утро, я обнаружил, что стал писателем.

Поддавшись настойчивым уговорам Рихарда, я, исключительно с целью улучшения своего стиля, начал от случая к случаю описывать в виде набросков и по возможности достоверно различные характеры из нашего окружения, интересные беседы, небольшие происшествия и тому подобное, а также написал несколько очерков по литературе и истории. И вот однажды утром — я еще был в постели — ко мне вошел Рихард и положил на мое одеяло тридцать пять франков.

— Это твое, — деловито произнес он.

И только когда я, исчерпав все свои догадки, взмолился, он достал из кармана газету и показал мне напечатанную в ней одну из моих новелл. Затем он признался, что, переписав несколько моих рукописей, тайком отнес и продал их для меня знакомому редактору. И первую, которую тот успел напечатать, а также гонорар за нее я и держал теперь в руках.

Никогда еще не испытывал я такого странного чувства. Я, конечно же, был зол на Рихарда за его дерзкие игры с провидением, однако сладкая, горделивая радость первой публикации, деньги, полученные нежданно-негаданно, словно в подарок, и, наконец, мысль о возможной маленькой литературной славе оказались сильнее и заглушили мою досаду.

В одном из кафе мой друг свел меня с упомянутым редактором. Тот попросил разрешения оставить у себя показанные ему Рихардом другие мои работы и предложил мне время от времени присылать ему новые материалы. В моих вещах якобы чувствуется собственный голос, особенно в исторических, которых он был бы рад получить побольше и за которые готов хорошо заплатить. Теперь и я наконец понял, что дело принимает серьезный оборот. Я не только смог бы регулярно и лучше питаться и возвратить все свои маленькие долги, но и бросить навязанный мне курс и, может быть, в скором времени, посвятив себя любимой своей области, я смог бы добывать себе пропитание исключительно собственным трудом.

Пока что, однако, редактор этот прислал мне целую стопку книг для рецензирования. Я принялся за них с остервенением и не замечал, как летят недели; поскольку же гонорары выплачивались лишь в конце квартала, а я в расчете на них все это время позволял себе больше, чем обычно, то в один прекрасный день я распрощался с последним раппом и принужден был в очередной раз сесть на голодную диету. Пару дней я продержался в своей берлоге под крышей на хлебе и кофе, потом голод загнал меня в одну кухмистерскую. С собою я прихватил три рецензируемые мною книжки, чтобы оставить их вместо платы по счету в качестве залога. До этого я тщетно пытался всучить их букинисту. Обед был превосходен, но, когда подали черный кофе, сердце мое тревожно заныло. Я робко признался кельнерше, что у меня не оказалось с собой денег, но я готов оставить в залог книги. Она взяла одну из них в руки — это был томик стихов, — полистала ее с любопытством и спросила, нельзя ли ей пока прочесть это: она так любит читать, а книги попадают к ней в руки так редко. Я почувствовал, что спасен, и поспешно предложил ей оставить себе все три томика вместо платы. Она согласилась и приобрела у меня с тех пор таким способом в несколько приемов книг на семнадцать франков. За небольшие поэтические сборники я получал обычно порцию сыра с хлебом, за романы — то же самое с вином; отдельные новеллы стоили чашку кофе с хлебом. Насколько мне помнится, это были в большинстве весьма посредственные вещи, написанные в судорожно-новомодном стиле, и у простодушной девушки должно было сложиться довольно странное впечатление о современной немецкой литературе. Я с улыбкою вспоминаю те предполуденные часы, когда я в поте лица своего торопился галопом дочитать очередной том и записать о нем пару строк, чтобы покончить с ним до обеда и обменять его на что-нибудь съестное.

От Рихарда я заботливо скрывал свои денежные затруднения, совершенно напрасно стыдясь их, и помощь его принимал скрепя сердце и всегда лишь на очень короткое время.

Поэтом я себя не считал. То, что мне при случае доводилось писать, были фельетоны, а не стихи. Но в душе я носил глубоко запрятанную надежду, что когда-нибудь мне дано будет создать настоящую поэму, великую, отважную песнь тоски, неповторимую оду жизни.

На радостно-светлый небосклон моей души порою набегало облачко смутной печали, не нарушая, однако, общей гармонии. Она появлялась ненадолго, эта мечтательная, пустынная грусть, — на день или на ночь — и затем бесследно исчезала, чтобы вновь возвратиться спустя недели или месяцы. Я постепенно привык к ней, как к неразлучной спутнице, и воспринимал ее не как муку, а всего лишь как проникнутую тревогой усталость, не лишенную своеобразной сладости. Если она настигала меня ночью, я забывал про сон и, высунувшись в окно, часами смотрел на черное озеро, на врезавшиеся в бледное небо силуэты гор и прекрасные звезды над вершинами. Нередко меня при этом охватывало острое, щемяще-сладостное чувство, будто вся эта ночная красота взирает на меня с упреком. Будто звезды, озера и горные вершины томятся ожиданием неведомого певца, который понял бы и выразил красоту и муки их немого бытия, и будто бы я и есть этот певец и мое истинное назначение в том, чтобы во всеоружии поэзии стать глашатаем немой природы. Я никогда не задумывался над тем, как это могло бы стать возможным, — я просто внимал нетерпеливому, немому призыву царственной ночи. Не брался я в такие минуты и за перо. Но меня не оставляло чувство ответственности перед этими глухими голосами, и обычно после такой ночи я пешком отправлялся в многодневные одинокие странствия. Мне казалось, что таким образом я оказываю земле, в немой мольбе раскрывающей передо мною свои объятия, скромные знаки любви, что, конечно же, даже мне самому потом представлялось смешным. Странствия эти стали основой моей последующей жизни: значительную часть прожитых с той поры лет я провел в пути, неделями и месяцами бродяжничая по дорогам разных стран. Я приучил себя к длинным маршам с куском хлеба в кармане и тощим кошельком, к одиночеству бесконечно-длинных дорог и частым ночлегам под открытым небом.

О художнице я за своим сочинительством совсем позабыл. Неожиданно она сама напомнила о себе, прислав записку следующего содержания: «В четверг у меня соберется на чашку чая небольшая компания друзей и знакомых. Пожалуйста, приходите и Вы. Захватите с собой Вашего друга».

Явившись к ней вдвоем, мы застали у нее маленькую пеструю ассамблею художников. Здесь собрались почти сплошь непризнанные, забытые, не избалованные успехом пасынки искусства, и в этом для меня было что-то трогательное, хотя все казались веселыми и вполне довольными своей судьбой. Угощение состояло из бутербродов, ветчины, салата и чая. Так как знакомых среди собравшихся я не нашел и к тому же не был разговорчив, то, уступив настоятельным требованиям желудка, я обратился к закуске и ел не переставая, тихо и сосредоточенно, добрых полчаса, в то время как остальные беззаботно болтали, лениво потягивая чай. Когда же они наконец один за другим тоже захотели подкрепиться, оказалось, что я съел почти весь запас ветчины. Я ошибочно полагал, что где-то наготове стоит по меньшей мере еще одно блюдо. И теперь, видя, как гости украдкой посмеиваются и иронично поглядывают на меня, я пришел в ярость и проклял в душе эту итальянку вместе с ее ветчиной. Я встал, коротко извинился перед ней, пообещал ей в следующий раз принести с собою свой ужин и взялся за шляпу.

Альетти молча отняла у меня шляпу, внимательно-удивленно посмотрела на меня и без малейшей иронии в голосе попросила меня остаться. На лицо ее в этот момент упал свет от торшера, смягченный шелковым абажуром, и тут сквозь пелену злости, каким-то внезапно раскрывшимся внутренним оком, я увидел удивительную зрелую красоту этой женщины. Я вдруг сам себе показался невоспитанным и глупым и, устыдившись, забился в самый дальний угол, словно наказанный школьник. Там я и остался сидеть, перелистывая альбом с видами озера Комо. Гости пили чай, расхаживали взад-вперед, смеялись и спорили; откуда-то из глубины помещения доносились звуки настраиваемых скрипок и виолончели. Затем был отдернут занавес, и все увидели четырех молодых людей, сидящих перед импровизированными пультами и готовых исполнить струнный квартет. В этот момент художница подошла ко мне, поставила передо мною на столик чашку чая, приветливо кивнув мне, и села рядом со мной. Квартет начался и оказался длинным, но я не слышал ни звука, неотрывно глядя круглыми от удивления глазами на сидящую подле меня стройную, изящную, элегантную даму, красоту которой я подвергнул сомнению и у которой я только что съел ветчину. С радостью и испугом я вдруг вспомнил о том, что она хотела меня рисовать. Потом я подумал о Рози Гиртаннер, об альпийских розах на отвесной стене Зеннальпштока, о снежной королеве, и все это показалось мне лишь ступенями, восходящими к вершине моего сегодняшнего счастья.

Когда музыка смолкла, художница не ушла, как я опасался, а осталась спокойно сидеть на своем месте и начала непринужденную беседу. Она поздравила меня с моей новеллой, которую прочитала в газете, сказала несколько шутливых слов о Рихарде, которого тесно обступили молодые девицы и беззаботный смех которого временами заглушал все остальные голоса. Потом она вновь выразила желание меня рисовать. Мне вдруг пришла в голову удачная мысль: я, продолжая беседу, неожиданно перешел на итальянский язык и был награжден за это не только изумленно-радостным взором ее южных глаз, но и неизъяснимым наслаждением, которое я получил, слушая, как она говорит на своем родном языке, словно созданном для ее уст, для ее глаз и фигуры, на благозвучном, элегантном, стремительном наречии Тосканы с легким, чарующим налетом тессинского диалекта. То, что мой итальянский никак нельзя было назвать ни красивым, ни беглым, меня не смущало. На следующий день я должен был явиться для позирования.

— A rivederla*, — сказал я на прощание и сделал самый глубокий поклон, какой у меня только получился.

— A rivederci domani**, — с улыбкой кивнула она мне.

Едва оказавшись за порогом, я зашагал куда глаза глядят и шел все дальше и дальше, пока дорога не перевалила через гребень каменистого холма и я не увидел перед собой объятые ночным покоем прекрасные, величественные дали. По озеру скользила одинокая лодка с красным фонарем, багровые блики которого плясали на черной воде; изредка вспыхивали то тут, то там тоненькие бледно-серебристые гребешки случайных волн. Из какого-то близлежащего сада доносились смех и звуки мандолины. Полнеба скрывала завеса облаков, и над холмами дул упругий теплый ветер.

И так же как ветер играл ветвями фруктовых деревьев и черными кронами каштанов — то ласкал их, то тормошил, то гнул к земле, заставляя их то стонать, то смеяться, то трепетать, — так же играла со мною в эти минуты страсть. Там, на вершине холма, я бросался на колени, ложился на землю, вновь вскакивал, стонал, топал ногами, швырял

* До свидания (*итал.*).

** До завтра (*итал.*).

прочь свою шляпу, зарывался лицом в траву, тряс стволы деревьев, плакал, смеялся, всхлипывал, бушевал, стыдясь самого себя, блаженствуя и разрываясь на части от тоски. Через час этот огонь безумства прогорел и погас, задохнувшись в густом, безвоздушном тумане, который заполнил мою грудь. У меня не было ни мыслей, ни намерений, ни чувств. Как сомнамбула, спустился я с холма, вновь прошагал полгорода, заметил в укромном переулке маленький погребок, все еще открытый в такой поздний час, покорно вошел в него, выпил два литра ваадтлендского и под утро, безобразно пьяный, вернулся домой.

На следующий день после обеда фройляйн Альетти пришла в ужас, увидев меня.

— Что с вами? Вы больны? На вас же лица нет.

— Пустяки, — ответил я. — Просто я сегодня ночью, похоже, был изрядно пьян. Пожалуйста, начинайте!

Она усадила меня на стул с просьбой не шевелиться. Просьбу эту я выполнил с успехом, ибо вскоре задремал и проспал почти до самого вечера. Мне приснился сон, навеянный, вероятно, стоявшим в мастерской запахом скипидара: отец мой в очередной раз красит нашу лодчонку; я лежу рядом на усыпанном гравием берегу и смотрю, как отец орудует кистью, то и дело макая ее в горшок с краской; мать тоже оказалась рядом, и, когда я спросил ее: «Разве ты не умерла?», она ответила тихим голосом: «Нет. Ведь без меня ты в конце концов стал бы таким же босяком, как твой папаша».

Проснувшись от того, что упал со стула, я, изумленный, вновь очутился в мастерской Эрминии Альетти. Ее самой я не обнаружил, но из соседней комнатушки доносилось позвякивание посуды и приборов, из чего я заключил, что уже настало время ужина.

— Вы проснулись? — крикнула она мне через стену.

— Да. Долго ли я спал?

— Четыре часа. И вам не совестно?

— Еще как совестно! Но я видел такой чудесный сон.

— Расскажите!

— Непременно, если вы выйдете и простите меня.

Она вышла, но с прощением намерена была подождать, пока я не расскажу свой сон. Я начал рассказ и, повествуя о том, что мне приснилось, все глубже и глубже погружался в забытое прошлое; когда же я умолк, за окнами было темно и оказалось, что я поведал ей и себе самому всю историю своего детства. Она подала мне руку, одернула мой измявшийся сюртук и пригласила меня на следующий сеанс завтра, и я почувствовал, что она поняла и простила мне и сегодняшнюю мою неучтивость.

С того момента я каждый день являлся к ней в роли прилежного натурщика. Пока она рисовала меня, мы едва обменивались двумя-тремя словами; я сидел или стоял словно заколдованный, слушал мягкий шорох ее проворного угля, вдыхал легкий запах масляных красок и забывал обо всем на свете, предавшись одному-единственному ощущению — ощущению близости любимой мною женщины, которая не сводит с меня глаз. По стенам ателье мягко струился белый свет, сонно жужжали на оконном стекле мухи, а где-то рядом, в соседней комнате, бодро пело пламя спиртовки: после каждого сеанса я получал чашку кофе.

Дома я много думал об Эрминии. То, что я не был поклонником ее искусства, никак не отражалось на моей страсти к ней: какое мне дело до ее картин, если она сама так прекрасна, так добра, так светла и невозмутима? А в усердном труде ее мне даже виделось что-то героическое. Женщина в борьбе за жизнь, тихая, многотерпеливая и храбрая подвижница. Впрочем, нет занятия более бесплодного, чем раздумья о любимом человеке. Ход мыслей в них подобен народным или солдатским песням, в которых поется и о том, и о сем, и обо всем на свете, но после каждой строфы упорно повторяется один и тот же припев, даже если он по смыслу своему совсем не к месту.

Вот потому-то и образ прекрасной итальянки, запечатленный в моей памяти, хотя и вполне отчетлив, но все же лишен множества мелких линий и черточек, которые в чужих людях порою гораздо заметнее, нежели в наших близких. Я не помню уже, какую прическу она носила, как одевалась и тому подобные вещи; я не помню даже, была ли она низкого или высокого роста. Когда я думаю о ней, то вижу перед собой темноволосую, красиво очерченную женскую голову, не очень большие, острые глаза на бледном живом лице и совершенно восхитительный узкий рот, отмеченный печатью горьковатой зрелости. Каждый раз, когда я думаю о ней и об этой своей влюбленности, в памяти моей оживает лишь тот единственный вечер на холме, когда над озером реял тугой, теплый ветер, а я ликовал, бесновался и плакал. И еще один, другой вечер, о котором я и хочу теперь рассказать.

Я уже понимал, что настало время как-нибудь обнаружить перед художницей свое чувство и постепенно добиваться взаимности. Если бы мы не были знакомы так близко, я, вероятно, еще долго молча боготворил бы ее и безропотно терпел невысказанные муки. Но видеть ее почти каждый день, бывать в ее доме, говорить с ней, подавать ей руку, ежеминутно помня про кровоточащую занозу в сердце, — этого я вынести не мог.

Как-то раз в середине лета художники и их друзья устроили небольшой праздник в прекрасном саду на берегу озера. Вечер выдался на редкость ласковый и теплый — настоящий золотой летний вечер. Мы пили вино и воду со льдом, слушали музыку и любовались длинными гирляндами из красных бумажных фонариков, развешанных между деревьями. Было много веселой болтовни, шуток, смеха и песен. Какой-то жалкий юнец, тоже возомнивший себя художником, разыгрывал перед публикой романтическую личность: на голове у него красовался экстравагантный берет; улегшись на балюстраде, он жеманно бренчал по струнам своей длинношеей гитары. Из маститых художников пришли очень немногие, да и те скромно сидели в сторонке, в кругу гостей постарше. Несколько молоденьких дамочек явились на праздник в светлых летних платьях, остальные представительницы слабого пола разгуливали в обычных своих небрежных костюмах. Одна из них, уже немолодая студентка в мужской соломенной шляпе, с коротко остриженными волосами и уродливым лицом, особенно неприятно поразила меня: она курила сигары, лихо пила вино и много и громко говорила. Рихард, по обыкновению, был в обществе молодых девиц. Я, несмотря на то, что был сильно взволнован, вел себя сдержанно и мало пил, ожидая Альетти, которая обещала мне покататься со мною на лодке. Она наконец пришла, подарила мне несколько цветков, и мы отчалили.

Озеро было гладким, как оливковое масло, и по-ночному бесцветным. Я быстро вывел легкий челнок далеко на широкий безмолвный простор озера, ни на миг не отрывая глаз от своей спутницы, так покойно, так уютно сидевшей напротив меня у руля. На высоком, все еще синем небе медленно, одна за другой, загорались бледные звезды. С берега время от времени доносились звуки музыки и праздничного веселья. Весла тихо всхлипывали, погружаясь в сонную воду; по сторонам изредка проплывали темные силуэты других лодок, едва различимые в сгустившемся мраке, но я не обращал на них никакого внимания: взоры мои по-прежнему прикованы были к сидящей на корме художнице, а запланированное мною объяснение в любви, словно тяжелый железный обруч, все болезненней сжимало мое оробевшее сердце. Красота и поэзия этого вечера смущали меня, ибо все это — лодка, звезды, теплое, неподвижное озеро — похоже было на роскошную театральную декорацию, на фоне которой мне предстояло разыграть сентиментальную сцену. От страха и чувства мучительной неловкости, вызванного нашим затянувшимся молчанием, я все усерднее налегал на весла.

— Вы такой... крепкий, — задумчиво произнесла она.

— Вы хотели сказать — толстый? — спросил я.

— Нет, я имела в виду ваши мускулы, — рассмеялась она.

— Да, силой меня Бог не обидел.

Это было, конечно же, не самое подходящее начало. Удрученный и раздосадованный, я продолжал грести.

Через некоторое время я попросил ее рассказать мне что-нибудь из своей жизни.

— Что же вы хотели бы услышать?

— Все, — заявил я. — Особенно какую-нибудь любовную историю. А я бы вам потом рассказал свою. Единственную мою любовную историю. Она очень коротка и красива и непременно позабавит вас.

— Что вы говорите! Ну так рассказывайте же!

— Нет, сперва вы! Вы и без того уже знаете обо мне гораздо больше, чем я о вас. Мне хотелось бы узнать, были ли вы когда-нибудь по-настоящему влюблены, или вы, как я опасаюсь, для этого слишком умны и высокомерны.

Эрминия на миг призадумалась.

— Это очередная ваша романтическая блажь, — сказала она затем, – ночью, на озере, заставлять женщину рассказывать истории. Но я этого, к сожалению, не умею. Это у вас, поэтов, всегда наготове слова для любых красот, а тех, кто не любит рассуждать о своих чувствах, вы торопитесь заподозрить в бессердечии. Во мне вы ошиблись: я не думаю, чтобы кто-то способен был любить сильнее и глубже, чем я. Я люблю человека, который связан с другой женщиной, но любит меня не меньше, чем я его. Мы оба не знаем, сможем ли когда-нибудь быть вместе. Мы пишем друг другу, а иногда и встречаемся...

— Могу я спросить вас, что вам приносит эта любовь — счастье или боль, или и то и другое?

— Ах, любовь существует вовсе не для того, чтобы делать нас счастливыми. Я думаю, она существует для того, чтобы показать нам, как сильны мы можем быть в страданиях и тяготах бытия.

Эта мысль была мне понятна, и из груди моей вместо ответа непроизвольно вырвался не то тяжелый вздох, не то тихий стон.

Она услышала его.

— А-а! И вам это тоже знакомо? Вы ведь еще так молоды! Ну что же, теперь ваш черед исповедоваться. Но только если вы действительно хотите!..

— Пожалуй, в другой раз, фройляйн Альетти.

У меня сегодня и без того на душе — ненастье; простите великодушно, если я и вам испортил настроение. Не пора ли нам повернуть к берегу?

— Как хотите. Кстати, как далеко мы заплыли?

Я не ответил; шумно затормозив лодку, я развернул ее и вновь изо всех сил ударил в весла, словно спасаясь от норд-оста. Лодка стремительно скользила по воде, и я, корчась в вихре неистовой боли и стыда, бушевавшего в моей груди, обливался потом и одновременно зябнул. А стоило мне лишь на мгновение представить себе, как близок я был к тому, чтобы оказаться в роли коленопреклоненного воздыхателя и получить матерински-ласковый отказ, как меня охватывала дрожь ужаса. Я рад был, что хоть сия чаша миновала меня, с другим же горем нужно было смириться. Я, как сумасшедший, греб к берегу.

Прекрасная фройляйн была несколько озадачена, когда я без лишних слов распрощался с нею и оставил ее одну. Озеро было таким же гладким, музыка такой же веселой, а красные бумажные фонарики такими же нарядными, как и прежде, но теперь все это показалось мне глупым и смешным. Особенно музыка. Юнцу в бархатном сюртуке, который все еще кичливо щеголял своей гитарой, висевшей у него через плечо на широкой шелковой ленте, я бы с величайшей охотой переломал все ребра. А ведь еще предстоял фейерверк. Все это было ужасно нелепо!

Я одолжил у Рихарда несколько франков и, сдвинув шляпу на затылок, зашагал прочь, из сада, из города, и шел все дальше час за часом, пока меня не одолела усталость. Я улегся прямо на лугу и заснул, но через час проснулся, весь мокрый от росы и продрогший до костей, и поплелся в ближайшую деревню. Было раннее утро. По пыльному переулку уже потянулись в поле косцы косить клевер; из дверей хлевов хмуро таращились на меня заспанные скотники; повсюду уже заявляла о себе хлопотливая крестьянская жизнь, особенно бойкая в летнюю страду. «Надо было оставаться крестьянином», — сказал я себе и, как побитый пес, поспешил убраться из деревни. Превозмогая усталость, я отправился дальше и шел, пока солнце наконец не просушило росу и не прогрело воздух, так что можно было сделать первый привал. Я бросился на пожухлую траву у самой опушки молоденькой буковой рощи и проспал, пригреваемый солнцем, чуть ли не до самого вечера. Когда я проснулся, хмельной от луговых ароматов и с приятною тяжестью в членах, которой наливается все тело после долгого сна на лоне матушки-земли, все приключившееся со мною вчера — праздник, катание на лодке и все остальное — показалось мне далеким, грустным и полузабытым сном или давным-давно прочитанным романом.

Три дня я провел в окрестностях, простодушно радуясь горячему солнцу и раздумывая, не навестить ли мне заодно свои родные края, чтобы повидать отца и помочь ему управиться с отавой.

Боль моя, конечно же, за три дня не рассеялась. Возвратившись в город, я некоторое время шарахался от художницы как от зачумленной, однако приличия не позволяли мне порвать с ней всякую связь, и позже каждый раз, когда она смотрела на меня или обращалась ко мне, в горле моем тотчас же набухал горький, твердый комок слез.

4

То, что в свое время не удалось отцу, сделали за него эти любовные муки. Они приобщили меня к вину.

Для моей жизни и сути это оказалось самым важным из всего, что я до сих пор рассказал о себе. Пьянящее, сладкое божество стало мне верным другом и остается им и по сей день. Кто еще так могуч, как оно? Кто еще так прекрасен, так сказочно-затейлив, так мечтателен, так весел и тосклив? Это — герой и волшебник. Это искуситель и брат Эроса. Для него нет ничего невозможного; бедные человеческие сердца он наполняет божественной поэзией. Меня, анахорета и крестьянина, он превратил в короля, поэта и мудреца. На опустевшие ладьи человеческих жизней он возлагает бремя новых судеб, а угодивших на мель мореплавателей гонит обратно, к стремнинам Большого Пути.

Вот что такое вино. Однако, как и все прочие драгоценные дары и искусства, оно требует к себе особого отношения: любви, трепетных поисков, понимания и жертв. Это под силу лишь немногим, и оно губит людей тысячами. Оно превращает их в старцев, убивает их или гасит в них пламень духа. Любимцев же своих оно зовет на пир и воздвигает для них радужные мосты к заповедным островам счастья. Когда их одолевает сон, оно бережно подкладывает им под голову подушку, а если они становятся добычей печали, оно заключает их в объятия, тихо и ласково, как друг или мать, утешающая сына. Оно претворяет сумятицу жизни в великие мифы и играет на громогласной арфе песнь творения.

И в то же время вино — это невинное дитя с шелковистыми, длинными кудрями, хрупкими плечиками и нежными членами. Оно доверчиво льнет к твоему сердцу, поднимает к тебе свое узенькое личико и смотрит на тебя удивленно-мечтательно огромными глазами, на дне которых сияет, дыша свежестью и чистотой новорожденного лесного ключа, воспоминание о рае и неутраченная богосыновность.

Сладкое божество это подобно также широкой реке, кипучей и говорливой, несущей свои воды сквозь весеннюю ночь в неведомые дали. Оно подобно океану, баюкающему на прохладной груди своей то солнце, то звезды.

Когда оно заводит разговор со своими любимцами, над головой у них с устрашающим шипением и грохотом смыкает свои волны бурное море волшебных тайн, воспоминаний, предчувствий и поэзии. Знакомый мир становится крохотным, а затем и вовсе исчезает, и душа в трепетной радости бросается в бездорожную ширь неизведанного, где все кажется чуждым и вместе с тем родным и где все говорит на языке поэзии, музыки и мечты.

Однако я должен рассказать все по порядку.

Порою случалось так, что я часами был весел до самозабвения, занимался учебой, писал или слушал музыку Рихарда. Но не проходило и дня без того, чтобы боль моя хотя бы на миг не напомнила о себе. Иногда она настигала меня уже ночью, и я стонал и метался в постели и засыпал лишь под утро, в слезах. Или она оживала при встрече с Альетти. Но чаще всего она подстерегала меня чудными летними вечерами, теплыми и расслабляющими. Тогда я уходил к озеру, садился в лодку и греб до изнеможения, после чего мне уже казалось совершенно невозможным отправиться домой. И я шел в погребок или в один из летних ресторанов. Я пробовал одно за другим всевозможные вина, долго пил, погруженный в мрачные раздумья, и наутро просыпался больным и разбитым. Похмелье мое нередко оказывалось столь тяжким и отвратительным, что я давал себе слово никогда больше не пить. Вскоре, однако, я вновь попадал в трактир, и все начиналось сначала. Постепенно я научился различать вина и их свойства и вкушал пьянящую влагу уже более осознанно, но все еще довольно наивно и неуклюже. В конце концов я остановил свой выбор на темно-красном фельтлинском. Терпкое и возбуждающее вначале, оно уже после первого бокала туманило мои мысли, сплетало их в одно сплошное, тихое кружево грез, а потом начинало колдовать, творить и осыпать меня цветами поэзии. А отовсюду наплывали причудливо освещенные ландшафты, когда-либо запавшие мне в душу, и на этих картинах природы я видел самого себя странствующим, поющим, мечтающим и ощущал в себе мощный ток теплой, возвышенной жизни. И заканчивалось все необыкновенно приятной грустью, словно навеянной невидимыми скрипками, и щемящим чувством, будто я упустил огромное счастье, не заметив его и пройдя мимо.

Как-то незаметно, само собой получилось, что я все реже предавался пьянству в одиночку и все чаще попадал в то или иное общество. Как только я оказывался среди людей, вино начинало действовать на меня совершенно по-другому. Я становился разговорчив, не будучи, однако, возбужден, а лишь чувствуя странный, холодный азарт. Неожиданно расцвела еще одна сторона моей натуры, о которой я и сам не подозревал и которую справедливее было бы сравнить с крапивой и чертополохом, нежели с декоративным садовым растением: одновременно со словоохотливостью в меня вселялся некий воинственный, холодный дух, и я тотчас же исполнялся уверенности, чувства собственного превосходства, критичности и язвительного юмора. Если при этом случалось быть кому-либо из тех, чье общество меня раздражало, я принимался злить и дразнить их, то хитро и тонко, то откровенно и грубо, и не оставлял их в покое, пока они не уходили. Людей я вообще с детства не жаловал особенной любовью и прекрасно обходился без них, теперь же и вовсе сделал их объектом своей критики и иронии. Мне доставляло удовольствие выдумывать и рассказывать коротенькие истории, в которых отношения людей, представленные с кажущейся объективностью сатиры, на самом деле высмеивались зло и безжалостно. Откуда бралось это презрение, я и сам не знал; оно поднималось из недр моего существа, словно гной из лопнувшего нарыва, и я долгие годы не мог избавиться от него.

Теми редкими вечерами, когда я оставался один, я вновь грезил о звездах, горных вершинах и печальной музыке.

В ту пору я написал серию очерков об обществе, культуре и искусстве нашего времени, маленькую ядовитую книжечку, колыбелью которой были мои застольные беседы в трактирах и погребках. А усердно продолжаемые мною исторические исследования дали мне разного рода материал, послуживший моим сатирам чем-то вроде солидного фундамента.

Благодаря этой работе я получил статус постоянного сотрудника одной крупной газеты, а это уже почти означало верный кусок хлеба.

Сразу же после этого упомянутые очерки вышли и отдельным изданием и были встречены публикой весьма благосклонно. Теперь я наконец решительно выбросил свою филологию за борт. За плечами у меня уже было несколько семестров, а завязавшиеся отношения с германскими журналами произвели меня из безвестных и нуждающихся в чин общепризнанной личности. Я начал сам зарабатывать себе на пропитание и, отринув кабалу стипендии, помчался на раздутых парусах навстречу презренной жизни незначительного литератора-профессионала.

Несмотря, однако же, на успех и на мое тщеславие, на мои сатиры и на муки любви, надо мною по-прежнему — в радости и в тоске — тихо сиял немеркнущий нимб молодости. Несмотря на всю свою иронию и некоторое легкое, безобидное чванство, я постоянно видел перед собой в мечтах некую цель, некое счастье, венец всех трудов. Что это должно было быть, я не знал. Я чувствовал лишь, что жизнь в один прекрасный день принесет на своих волнах и положит у моих ног какое-нибудь особенно пленительное счастье — славу или любовь, а быть может, утоление моей тоски и возвышение души. Я все еще был пажом, мечтающим о благородных дамах, о посвящении в рыцари и о великих почестях.

Я полагал, что стою на первой ступени блестящей лестницы, ведущей вверх. Я не знал, что все пережитое мною до сих пор состояло из одних лишь случайностей и что душе моей и моей жизни недостает еще, говоря на языке живописцев, основного тона, глубокого и характерного лишь для меня. Я не знал, что был мучим тоской, избавления от которой не принесут ни любовь, ни слава.

И потому я наслаждался своей маленькой тускловатой славой со всей пылкостью молодого сердца. Мне нравилось сидеть за бутылкой хорошего вина среди умных, одухотворенных людей и видеть то жадное внимание, с которым они ловят каждое мое слово.

Временами у меня вдруг словно открывались глаза, и я видел, как бьется во всех этих современных, мятущихся душах тоска, как мучительно рвется она на волю и какими странными путями ведет она их по жизни. Верить в Бога считалось глупым и почти неприличным; теперь верили во всевозможные имена и учения: в Шопенгауэра, в Будду, в Заратустру и во многое другое. Некоторые молодые безызвестные поэты устраивали в своих эстетских квартирах торжественные акты поклонения статуям или картинам. Стыдясь преклонить голову перед Богом, они простирались ниц перед Зевсом Отриколийским*. Были среди них и аскеты, мучившие себя воздержанием и разгуливавшие по улицам чуть ли не во вретище.

Божество их называлось Толстой или Будда. Были и художники, которые с помощью определенных, тщательно подобранных обоев, музыки, блюд, вин, духов или сигар добивались в себе изысканных чувств и настроений. Они небрежно, с нарочитой безапелляционностью говорили о музыкальных линиях, о цветовых аккордах и тому

* Самое известное из сохранившихся скульптурных изображений Зевса эллинистического периода, найденное при раскопках древнего города Отрикулум; хранится в Ватиканском музее.

подобном и неустанно охотились за так называемой «личной нотой», заключавшейся чаще всего в каком-нибудь мелком, безобидном самообмане или сумасбродстве. Все это судорожное комедиантство меня лишь забавляло и смешило, однако нередко я вдруг с содроганием замечал, сколько за ним кроется серьезной тоски и сколько недюжинной душевной силы прогорает в нем впустую.

Из всех участников этого феерического шествия новомодных поэтов, художников и философов, вызывавших у меня в свое время восторженное удивление, я не мог бы сегодня назвать ни одного, из кого вышло бы что-нибудь заслуживающее внимания. Был среди них один немец-северянин моего возраста, милый человек, нежная, отзывчивая натура, тонкий и чувствительный во всем, что хоть как-нибудь связано было с искусством. Все прочили ему как поэту блестящую будущность, и те несколько стихов, что я услышал в его собственном исполнении, и поныне живут во мне в виде каких-то необыкновенно душистых и сладостно-прекрасных отголосков прошлого. Возможно, из всех нас он один лишь мог бы стать настоящим поэтом. Позже, благодаря случаю, я узнал его короткую историю. После какой-то литературной неудачи сверхчувствительный юноша, поникнув духом, стал избегать всякого общества и угодил в лапы некоего меценатствующего негодяя, который, вместо того чтобы ободрить и вразумить его, очень скоро окончательно погубил поэта. Развлекая на виллах своего богатого покровителя его экзальтированных дам пошлой болтовней об изящном, он возомнил себя непризнанным гением и, безбожно совращаемый с пути истинного, шаг за шагом довел себя до безумия Шопеном и почти непрерывным прерафаэлитским экстазом.

Эту полуоперившуюся братию поэтов и эстетов, поражавших странностью одежд и причесок, я до сих пор не могу вспоминать без страха и жалости, ибо мне лишь спустя годы открылась опасность общения с ними. Меня от их пестрой толкотни уберег глубоко засевший во мне крестьянин-альпиец.

Однако благороднее и упоительнее, чем слава и вино, и любовь, и мудрость, была для меня моя дружба. Это она была мне спасением от моей врожденной жизнеробости, и она же сохранила годы моей молодости свежими и по-утреннему румяными. Для меня и сегодня нет ничего ценнее настоящей, честной мужской дружбы, и если временами, в дни неотвязчивых дум, на меня наваливается тоска по юности, то это не что иное, как тоска по той студенческой дружбе.

С тех пор как я влюбился в Эрминию, Рихарду доставалось все меньше моего внимания. Вначале я и сам этого не замечал, но несколько недель спустя меня начали терзать угрызения совести. Я исповедовался перед ним, а он признался, что с горечью и сочувствием видел приближение постигшей меня беды, и дружба моя к нему разгорелась с новой силой, еще более искренняя и ревнивая. Все маленькие и радостно светлые житейские премудрости, благоприобретенные мною в то время, достались мне от него. Он был красив и радостно-светел всем своим существом, и жизнь для него, казалось, не имела теневых сторон. Будучи человеком умным и подвижным, он хорошо знал страсти и заблуждения того времени, но они безвредно стекали с него, словно дождевые капли. Все в нем было достойно восхищения — его упругая походка, его благозвучная речь и все его существо. А как он умел смеяться!

К моим опытам с вином он относился весьма скептически. Изредка он составлял мне компанию, но ему вполне достаточно было двух бокалов, а потом он предавался наивному удивлению по поводу моей гораздо более внушительной дозы. Когда же он замечал, что я страдаю и тщетно борюсь с тоской, он играл мне на фортепьяно, читал мне что-нибудь или водил меня гулять. Во время наших маленьких походов по окрестностям мы часто проказничали, как дети. Однажды в полдень, устроившись на привал в лесистой долине, мы беззаботно грелись на солнышке, бросали друг в друга еловые шишки и распевали стихи из «Благочестивой Елены» на самые томные мелодии. Резвый прозрачный ручей так настойчиво дразнил нас своим свежим дыханием и заманчивым плеском, что мы, не выдержав, разделись донага и окунулись в холодную воду. Тут Рихарду пришла мысль разыграть маленькую комедию. Он уселся на поросший мхом обломок скалы и превратился в Лорелею, в то время как мне, «гребцу», надлежало проплывать мимо «кручи» в утлом челноке*. При этом он так забавно изображал девичью стыдливость и строил такие гримасы, что я, вместо того чтобы изображать «неодолимую тоску», отчаянно боролся со смехом, боясь захлебнуться. Неожиданно послышались голоса; в следующее мгновение на тропинке показалась небольшая группа туристов, и мы, застигнутые врасплох в своей наготе, принуждены были поспешно укрыться под размытым, нависшим над водой берегом. Пока ни о чем не подозревающее общество шествовало мимо, Рихард издавал всевозможные странные звуки: хрюкал, повизгивал, шипел. Туристы недоумевающе смотрели друг на друга, оглядывались по сторонам, таращились на воду и чуть было не обнаружили нас. Друг мой внезапно выглянул из своего укрытия, посмотрел на возмущенных пришельцев и изрек низким голосом, подняв руку, как священник:

— Ступайте с миром!

Он тут же вновь спрятался, ущипнул меня за руку и сказал:

— Это тоже была шарада!

— Какая же? — спросил я.

— Пан пугает пастухов, — рассмеялся он. — Правда, среди них, увы, оказалось и несколько юбок.

К моим историческим исследованиям он оставался безучастен. Однако он очень скоро разделил

---

* Цитируется известное стихотворение Генриха Гейне «Лорелея».

со мною мое влюбленно-почтительное увлечение святым Франциском Ассизским, хотя он и тут не мог обойтись без своих шуточек, всегда меня возмущавших. Мы вместе представляли себе праведного страстотерпца и видели, как шествует он по умбрийским дорогам, со светлым восторгом на ясном челе, похожий на славное, большое дитя, радостно преданный своему Богу и исполненный смиренной любви к людям. Мы вместе читали его бессмертную «Кантику брату Солнцу» и знали ее почти наизусть. Как-то раз мы катались по озеру на пароходе, и в конце нашей прогулки Рихард, глядя на то, как вечерний ветерок покрывает воду золотой рябью, тихо сказал:

— Послушай-ка, как там говорит наш святой?

И я процитировал:

— Laudato si, misignore, per frate vento e per aere e nubilo e sereno et onne tempo!*

Если между нами возникал спор и мы начинали говорить друг другу колкости, он полувсерьез, полушутя осыпал меня на манер рассерженного школьника таким количеством потешных прозвищ и эпитетов, что меня в конце концов разбирал смех, и раздор наш, лишенный своего ядовитого жала, тотчас же прекращался. Более или менее серьезным мой любезный друг бывал лишь

---

* Господи, благодарю Тебя за то, что есть братец ветер, и воздух, и облачко в нем, и вёдро, и всякое время! (*Солнечное песнопение св. Франциска Ассизского, перевод И. Вишневецкого*).

в те минуты, когда слушал или сам исполнял своих любимых композиторов. Впрочем, даже тут он мог в любую минуту прервать себя ради какой-нибудь шутки. И все же любовь его к искусству была исполнена чистой, бескорыстной преданности, а его чутье, умение распознать настоящее, значительное, казалось мне безупречным.

Он с удивительным совершенством владел тонким, нежным искусством утешения, участливого присутствия, целительного смеха и щедро дарил его своим друзьям в трудную минуту. Застав меня в скверном расположении духа, он мог рассказывать мне бесконечное количество маленьких анекдотических историй, полных милого гротеска, и тон его заключал в себе что-то успокаивающе-веселящее, перед чем я почти никогда не мог устоять. Ко мне он относился с некоторым уважением, так как я был серьезнее его. Еще больше импонировала ему моя недюжинная телесная сила. Он даже хвастал ею перед другими и гордился, что имеет друга, который мог бы задушить его одной рукой. Он придавал большое значение физической ловкости и всевозможным спортивным умениям: обучал меня игре в теннис, занимался вместе со мною плаванием и греблей, приобщал меня к верховой езде и не успокоился до тех пор, пока я не научился играть в бильярд почти так же хорошо, как и он сам. Это была его любимая игра; в ней он не только стремился к мастерству и красоте с азартом художника, но и по обыкновению бывал за бильярдом особенно оживлен, остроумен и весел. Нередко он наделял шары именами наших общих знакомых и сочинял, удар за ударом, на свой лад толкуя позицию шаров, их сближение или удаление друг от друга, целые романы, искрящиеся остротами, двусмысленностями и карикатурными сравнениями. И все это он делал, не прерывая игры, спокойной, легкой и удивительно элегантной, и наблюдать за ним в эти минуты было истинным наслаждением.

Сочинительство мое он ценил не выше, чем я сам. Однажды он сказал мне:

— Вот я всегда считал и сейчас считаю тебя поэтом, но не из-за твоих фельетонов, а потому что чувствую: в тебе живет нечто прекрасное и глубокое, что рано или поздно прорвется наружу. И это будет настоящая поэзия.

Между тем семестры мелькали один за другим, подобно каплям воды из пригоршни, и незаметно подкралось время, когда Рихард стал подумывать о возвращении на родину. С несколько наигранной веселостью мы наслаждались последними, все ускоряющими свой бег неделями и пришли в конце концов к решению увенчать эти прекрасные годы каким-нибудь головокружительным предприятием, устроить себе перед горькой разлукой светлый и символический праздник, который бы стал залогом нашего счастливого будущего. Я предложил провести каникулы в Бернских Альпах, но дело было ранней весной, а это малоподходящая пора для любителей гор. Пока я ломал себе голову в поисках других идей, Рихард, написав отцу, готовил мне огромный и радостный сюрприз. В один прекрасный день он явился ко мне с весьма внушительным денежным переводом и пригласил меня быть его спутником и гидом в поездке по Северной Италии.

Сердце мое робко и вместе с тем победно-ликующе забилось. Взлелеянное с детских лет, самое заветное, мучительное желание, тысячу раз исполнившееся в мечтах, теперь должно было наконец исполниться наяву. Я словно в горячке занялся своими незамысловатыми приготовлениями, между делом, наспех, дал моему другу пару уроков итальянского и до последнего дня не мог отделаться от страха, что из затеи этой ничего не выйдет.

Багаж был отправлен отдельно. Мы сидели в вагоне; в окне мелькали зеленые поля и холмы; медленно проплыло мимо Урнское озеро и Сен-Готард; дальше пошли крохотные горные деревушки, ручьи, и осыпи, и снежные вершины Тессинских Альп, потом показались первые дома из черноватого камня среди ровных виноградников, и рельсы заторопились вдруг мимо озер по тучным землям Ломбардии, наполняя наши сердца радостным ожиданием, навстречу шумно-оживленному, странно притягивающему и пугающему Милану.

Рихард до этого не видел ни одного изображения Миланского собора; он лишь слышал о нем как о мощном и прославленном памятнике архитектуры. Я от души позабавился при виде его возмущенного разочарования. Когда он немного оправился от своего шока и к нему вновь вернулось чувство юмора, он сам предложил подняться на крышу собора и побродить среди каменной неразберихи его скульптурного убранства. Не без некоторого удовлетворения мы обнаружили, что сотни злополучных статуй на фиалах решительно не заслуживают жалости, ибо в большинстве своем — во всяком случае все более поздние — они оказались самой обыкновенной фабричной работы. Мы почти два часа пролежали на широких наклонных мраморных плитах, насквозь прогретых апрельским солнцем. Рихард блаженно-доверительно признался мне:

— А знаешь, по совести говоря, я был бы рад испытать побольше таких же разочарований, как с этим дурацким собором. Во время поездки мне с самого начала не давал покоя страх перед всеми этими великолепиями, которые мы должны увидеть и которые нас непременно раздавят. А тут, смотри-ка, — все начинается так безобидно и так по-земному смешно!

Потом этот застывший хаос каменных изваяний на крыше, посреди которого мы возлежали, вдохновил его на нескончаемые устные фантазии в стиле барокко.

— Вероятно, вон там, на восточной башне, раз уж она самая высокая, стоит самый высокий по чину и самый знатный святой, — рассуждал он. — А так как это весьма сомнительное удовольствие — вечно балансировать этаким каменным канатоходцем на острых башенках, – было бы справедливо, если бы время от времени верховный святой получал свободу и возносился на небо. Представь себе, какой бы тут каждый раз разыгрывался спектакль! Ведь все остальные святые, разумеется, передвигались бы сообразно со своими чинами на одно место вперед, и каждому пришлось бы одним прыжком перескакивать на фиал своего предшественника, в страшной спешке и ревнивой зависти ко всем, кто его еще опережает.

С тех пор всякий раз, когда мне случалось бывать в Милане, я вспоминал тот день и с грустной усмешкой смотрел, как сотни мраморных святых совершают свои отважные прыжки.

В Генуе судьба подарила мне еще одну большую любовь. Это было ясным, ветреным днем, вскоре после обеда. Я стоял, опершись руками о парапет набережной; позади раскинулась пестрая Генуя, а передо мной тяжко вздымалась и дышала влагой неоглядная синяя пучина. Море... С грохотом, в котором чудился невнятный призыв, бросалась к моим ногам вечная, неизменная стихия, и я чувствовал, как что-то во мне соединяется нерасторжимыми братскими узами с этой синей, пенящейся пучиной.

С такою же силой поразил меня широкий морской горизонт. Вновь, как в далекие детские годы, передо мною сияла безбрежно-благоуханная синь, манящая, словно распахнутые настежь ворота. Вновь меня охватило чувство, будто я рожден не для оседлой, домашней жизни, среди людей, в городах, в квартирах, а для бродяжничества по чужим землям и скитаний по морям. Откуда-то из темных глубин моего существа всплыла старая, напоенная едкой печалью потребность броситься Богу на грудь и породнить свою маленькую жизнь с запредельным и вечным.

В Рапалло я впервые померился силой с прибоем, отведал горьковато-соленой воды и почувствовал мощь горбатых валов. Вокруг — синие, прозрачные волны, желто-бурые прибрежные скалы, кроткое, глубокое небо и вечный, торжественный шум. Вновь и вновь волновало мне душу зрелище скользящих вдали кораблей: черные мачты, белые паруса или маленький дымный шлейф парохода меж небом и морем.

Кроме моих любимцев, бессонных облаков, я не знаю более прекрасного и серьезного образа тоски, символа странствий, чем плывущий далече корабль, который, становясь все меньше и меньше, наконец погружается в разверстую за горизонтом бездну.

А потом была Флоренция. Город лежал перед нами как на ладони, такой, каким я знал его по сотням картин и каким представлял его себе в бесчисленных мечтах, — светлый, просторный, приветливый, прорезанный насквозь рекой под сенью мостов и опоясанный чистыми холмами. Гордая башня Палаццо Веккьо* дерзко вознесла

* Старый дворец во Флоренции (XIII — XV вв.); первоначально дворец Синьории, с XIX в. — художественный музей.

свою главу в ясное небо; на одной высоте с нею белел прекрасный, обласканный солнцем Фьезоле, а холмы вокруг были покрыты нежным бело-розовым и алым пухом цветущих фруктовых деревьев. Подвижно-радостная тосканская жизнь открылась мне, словно некое чудо, и вскоре я испытал такое чувство родины, какое мне едва ли когда-либо доводилось испытать дома. Днем нас ждали церкви, площади, переулки, рынки и лоджии, вечером — тихие грезы в садах на склонах холмов, где уже зрели лимоны, или неторопливая дружеская беседа за бутылкой кьянти в одном из маленьких, наивных погребков. Все это перемежалось блаженно-радостными, плодотворными часами в картинных галереях, в Барджелло*, в монастырях, библиотеках и сакристиях, послеполуденными поездками во Фьезоле, Сан Миньято**, Сеттиньяно, Прато.

Потом, на неделю оставив Рихарда одного, как мы условились еще дома, я совершил отраднейшее и восхитительнейшее странствие своей молодости и всласть налюбовался красотами богатого, зеленого умбрийского холмогорья. Я шел дорогами святого Франциска и чувствовал временами его незримое присутствие: он шагал рядом, исполненный неисповедимой любви, с радостью и благодарностью приветствуя каждую птицу, каждый

---

* Национальный музей во Флоренции.

** Старинная церковь (XI — XII вв.) монахов-оливетанцев на высоком холме, с которого открывается вид на Флоренцию.

источник и каждый придорожный куст. Я ел лимоны, сорванные на залитых солнцем склонах, ночевал в маленьких деревушках, пел и стихословил, обращенный внутрь себя, и отпраздновал Пасху в Ассизи, в церкви моего святого.

Мне теперь кажется, что эти восемь дней, проведенных на дорогах Умбрии, стали венцом, дивной закатной зарей моей молодости. Каждый день во мне словно рождались все новые чистые и звонкие ручейки, и празднично-светлый, весенний лик природы казался мне благодатным ликом самого Бога.

В Умбрии я благоговейно прошел по следам святого Франциска, «странствующего певца Бога»; во Флоренции я получил верное представление о жизни эпохи Кватроченто. Я уже до этого писал сатиры на формы нашей сегодняшней жизни. Во Флоренции же я впервые почувствовал всю убогость и смехотворность современной культуры. Там мною впервые овладело предчувствие, что в нашем обществе я навсегда останусь чужаком; там же у меня впервые появилось желание продолжить свою жизнь вне этого общества и по возможности на юге. Здесь я находил с людьми общий язык, здесь меня на каждом шагу радовала искренняя естественность жизни, возвышаемая и облагораживаемая традициями классической истории и культуры.

Прекрасные недели неудержимо текли прочь, сверкающие и пьяняще-счастливые; Рихарда я тоже никогда еще не видел таким мечтательно-восторженным. Кипя озорной радостью, осушали мы кубок за кубком на пиру красоты и блаженства. Мы забредали в самые отдаленные, разомлевшие от горячего солнца деревушки на высоких холмах; среди новых друзей наших были хозяева гостиниц и трактиров, монахи, молодые крестьянки и жизнерадостные сельские священники; мы подслушали немало наивно-забавных серенад, мы кормили смуглых, хорошеньких детей хлебом и фруктами, любовались с солнечных гор объятой весенним сиянием Тосканой и мерцающим вдали Лигурийским морем. Нас обоих не покидало острое чувство, что мы, вполне достойные своего счастья, идем навстречу новой, богатой жизни. Труд, борьба, наслаждение и слава были так пленительно близки и неизбежны, что мы не торопили время, стараясь продлить счастливые дни. Даже предстоящая разлука казалась нам легкой и временной, ибо мы знали — тверже, чем когда-либо, — что необходимы друг другу и что останемся верны друг другу до гроба.

Такова история моей юности. Когда я думаю о ней, она представляется мне короткой, как летняя ночь. Немного музыки, немного духа, немного любви, немного тщеславия — однако пора эта была прекрасна, богата и многоцветна, как элевсинский праздник*. Светоч счастья, погасший мгновенно и печально, точно жалкая лучина на ветру.

---

* Элевсинский праздник — праздник, сопровождавшийся пышной мистерией, который устраивался в Элевсине, в Аттике, в честь богини плодородия и земледелия Деметры.

В Цюрихе Рихард простился со мной. Дважды выходил он из вагона, чтобы поцеловать меня, а когда поезд тронулся, нежно кивал мне из окна, пока не скрылся из вида.

Две недели спустя он утонул во время купания в одной смехотворно крохотной южнонемецкой речушке. Я его так больше и не увидел, ибо не был на его похоронах: я узнал обо всем лишь спустя несколько дней, когда он уже навсегда был скрыт от меня могилой. Бросившись на пол своей каморки под крышей, я изрыгал проклятья и хулу на Бога и на жизнь в самых низменных, отвратительных выражениях, рыдал и бесновался. Я никогда не думал до этого, что единственным надежным достоянием моим была все эти годы моя дружба. Теперь ее не стало.

Долго я не смог выдержать в городе, где каждый новый день ложился мне на плечи новым, еще более тяжелым грузом воспоминаний, от которых я задыхался. Дальнейшая жизнь стала мне безразлична. Душа моя корчилась от боли, и все живое внушало мне ужас. Вероятность того, что, оправившись от крушения, я с новыми парусами поплыву на поиски терпкого мужского счастья, пока что казалась мне ничтожно малой. Богу было угодно, чтобы лучшую часть своего существа я положил на алтарь бескорыстной и радостной дружбы. Подобно двум резвым челнам, мы бок о бок неудержимо устремились вперед, и челнок Рихарда — легкий, нарядный, хранимый судьбою, любимый — приковал к себе мой восхищенный взор, а в сердце мое вселил уверенность, что, следуя за ним, я достигну прекрасных целей. И вот, коротко вскрикнув, он исчез под водой, а я продолжал носиться по внезапно потемневшим водам без руля и ветрил.

Мне следовало бы мужественно встретить суровое испытание, проложить свой путь по звездам и, пустившись в новое плавание, вновь приять бремя заблуждений и борьбы за венец жизни. Я верил в дружбу, в женскую любовь, в молодость. Теперь, когда все это, одно за другим, покинуло меня, — почему я не верил в Бога и не желал предаться в его могучую десницу? Не потому ли, что всю свою жизнь я был робок и упрям, как дитя, и всегда ждал некоей настоящей жизни, которая налетит ураганом, подхватит меня, просветленного и богатого, и понесет на огромных своих крыльях навстречу зрелому, полновесному счастью?

Мудрая и бережливая жизнь, однако, безмолвствовала и не прерывала моего дрейфа. Она не посылала мне ни ураганов, ни звезд; она ждала, когда я вновь исполнюсь покорности и терпения и смирю свою гордыню. Она предоставила мне доиграть до конца эту комедию упрямства и всезнайства, снисходительно отвернувшись и ожидая, когда заблудшее дитя наконец вновь вернется к своей матери.

5

Далее следует пора моей жизни, которая на первый взгляд кажется более подвижной и пестрой, чем предыдущая, и вполне могла бы послужить канвой для модного романа. Я должен был бы сейчас рассказать, как стал редактором одной германской газеты; как позволял своему перу и своему злому языку чересчур много свободы и постоянно подвергался за это придиркам и поучениям; как затем снискал себе славу пропойцы и в конце концов, после жестоких распрей, расстался с должностью и отправлен был в качестве корреспондента в Париж; как беспутствовал в этом проклятом вертепе, дерзко излишествовал во всем и ни о чем не заботился в хмельном угаре своей цыганской жизни.

То, что я опустил этот короткий период моей жизни, оставив с носом охотников до сальностей, которые, возможно, найдутся среди моих читателей, — вовсе не трусость. Я сознаюсь, что предавался одному заблуждению за другим и что едва ли найдется такая грязь, которой бы я не повидал и в которую бы меня не угораздило попасть самого. Моя симпатия к романтике богемы исчезла с тех пор без следа, и я думаю, вы позволите мне ограничиться лишь тем чистым и добрым, что все же было и в моей жизни, и списать в расход то время как потерянное и невозвратимое*.

---

* В этом месте в первых изданиях повести следовал еще один абзац, снятый в издании 1911 года: «Особено отвратителен был Париж. Сплошные искусство, политика, литература и потоки пустословия, сплошные художники, литераторы, политики и гадкие, подлые женщины. Художники — столь же самоуверенные и нахальные, как и политики, еще более самоуверенные и нахальные литераторы, однако всех их в этих качествах несомненно превосходили женщины».

Однажды вечером я сидел один в Bois* и размышлял, оставить ли мне только Париж или лучше заодно и мою опостылевшую жизнь.

Впервые за много месяцев пройдя в мыслях весь свой жизненный путь, я убедился, что потерял бы не так уж и много.

Но тут в памяти моей внезапно вспыхнул ярким отблеском один далекий и давно позабытый день — раннее летнее утро, дома, в горах, когда я стоял на коленях у постели матери и смотрел, как она принимает смерть.

Мне стало страшно и вместе с тем стыдно оттого, что я так долго не вспоминал это утро. Глупых мыслей о самоубийстве как не бывало. Ибо я думаю, что ни один серьезный, еще не окончательно сокрушенный ударами судьбы человек не способен наложить на себя руки, если ему когда-либо довелось видеть, как медленно угасает чья-то светлая, праведная жизнь. Я вновь увидел, как умирает мать. Я вновь увидел на лице ее беззвучную, серьезную, облагораживающую работу смерти. Смерть, суровая и могущественная, была в то же время подобна ласковой матери, возвращающей заблудшее чадо свое под родительский кров.

Я вновь вспомнил вдруг, что смерть — наша умная и добрая сестра, которая знает заветный час и которой мы можем довериться в своем ожидании. Я начал также понимать, что боль, разо-

---

* Лес (*фр.*); здесь, очевидно, Булонский лес — огромный парк в английском стиле на окраине Парижа.

чарования и тоска посылаются нам не для того, чтобы сломить наш дух, лишить нас ценности и достоинства, а для того, чтобы преобразить нас и приблизить нашу зрелость.

Восемь дней спустя я отправил свои ящики в Базель, а сам пустился в дорогу пешком, наметив себе добрый кусок южной Франции. Я шагал по этой прекрасной земле и чувствовал день за днем, как злосчастная парижская жизнь, воспоминания о которой преследовали меня словно зловоние, бледнеет и обращается в туман. Я принял участие в заседании одного Cour d'amour*. Я ночевал в замках, на мельницах, в сараях, пил со смуглыми, словоохотливыми парнями их теплое, солнечное вино.

Оборванный, тощий, загорелый и помолодевший душою, прибыл я через два месяца в Базель. Это было мое первое большое странствие, первое из множества. Меж Локарно и Вероной, меж Бригом и Базелем, меж Флоренцией и Перуджей не много найдется мест, которые я не прошел бы дважды или трижды в своих запыленных сапогах, в погоне за мечтами, из которых еще ни одной не суждено было исполниться.

В Базеле я снял себе комнатенку в предместье, распаковал свое имущество и принялся за работу. Я был рад возможности работать в тихом

---

* Двор любви, общество в Провансе, в котором представители обоих полов обсуждали вопросы галантности (*фр.*).

городке, где меня не знала ни одна живая душа. У меня сохранились отношения с несколькими газетами и журналами, и теперь девиз мой был: жить и работать. Первые недели прошли благополучно и спокойно, затем ко мне постепенно вернулась прежняя грусть и не оставляла меня целыми днями, неделями и даже во время работы. Тому, кто не прочувствовал на себе власть тоски, не понять этого. Как мне описать это? Меня одолевало чувство жуткого одиночества. Между мною и людьми и жизнью города, площадей, домов и улиц зияла непреодолимая пропасть. Случится ли в городе несчастье, пестреют ли газеты тревожными заголовками — ко мне это не имело никакого отношения. Праздничные шествия чередовались с похоронными процессиями; шумели рынки, давались концерты — зачем? для чего? Я бросался прочь из города, бродил по лесам, по холмам и дорогам, и вокруг меня в безропотной скорби молчали луга, деревья, поля, смотрели на меня в немой мольбе и словно порывались что-то сказать, побежать мне навстречу, поприветствовать меня. Безмолвные и недвижные, они ничего не могли мне сказать, и я понимал их муки и сострадал им, ибо не мог принести им избавления.

Я отправился к доктору, вручил ему пространное описание своих мук, а также поведал ему о них на словах. Он слушал, читал, расспрашивал и осматривал меня.

— Здоровью вашему можно лишь позавидовать, — объявил он наконец. — Организм ваш в полном порядке. Постарайтесь развлечь себя чтением или музыкой.

— По роду своей деятельности я ежедневно прочитываю массу новых вещей.

— Во всяком случае вам следовало бы больше времени проводить на свежем воздухе и не забывать о движении.

— Я каждый день гуляю от трех до четырех часов, а во время отпуска — по меньшей мере в два раза дольше.

— Тогда вам необходимо заставить себя бывать на людях. Вы подвергаете себя опасности стать мизантропом.

— Разве это так уж важно?

— Это очень важно. Чем меньше ваша потребность в общении, тем сильнее вы должны принуждать себя бывать в обществе. Состояние ваше — пока еще не болезнь и не вызывает у меня серьезных опасений. Однако если вы не прекратите пассивно праздничать, то в конце концов в один прекрасный день можете потерять душевное равновесие.

Доктор оказался человеком понятливым и доброжелательным. Ему стало жаль меня. Он рекомендовал меня одному ученому, в доме которого постоянно собиралось широкое общество и царила оживленная духовная и литературная жизнь. Я отправился туда. Мое имя там было известно; встретили меня любезно, почти сердечно, и вскоре я стал в этом доме частым гостем.

Однажды я явился туда холодным осенним вечером. Я застал там одного молодого историка и очень стройную темноволосую девушку. Больше гостей не было. Девушка занималась приготовлением чая, много говорила и была язвительно-иронична по отношению к историку. Потом она немного поиграла на фортепьяно, после чего сообщила мне, что хотя и читала мои сатиры, но не одобряет их. Она была, как мне показалось, отнюдь не глупа — пожалуй, даже чересчур неглупа, — и я вскоре ушел.

Тем временем обо мне прошел слух, будто бы я завсегдатай трактиров и в сущности отпетый пропойца, скрывающий свой порок. Меня это почти не удивило, ибо самым пышным цветом сплетня эта расцвела именно в образованных кругах, среди представителей обоих полов. Моим знакомствам это унизительное открытие не только не повредило, но даже сделало мою фигуру гораздо более привлекательной, так как в моду как раз вошло воздержание от спиртных напитков; дамы, равно как и господа, почти все давно были членами правления разных обществ трезвости и радовались каждому грешнику, попадавшему в их руки. Вскоре последовал первый вежливый натиск. Мне старательно разъясняли непристойность бражничества, говорили о проклятии алкоголизма и тому подобном с медицинской, этической и социальной точек зрения, и наконец меня пригласили принять участие в торжественном заседании одного из обществ. Удивление мое было безмерным, ибо до этого я не имел ни малейшего представления о подобных обществах и начинаниях. Заседание — с музыкой и некоторым религиозным налетом — показалось мне до неприличия нелепым, и я не стал скрывать своего впечатления. С того дня мне беспрестанно, неделями досаждали навязчивой любезностью; это в конце концов до чрезвычайности наскучило мне, и однажды вечером, когда благодетели мои вновь затянули свою песню и глаза их загорелись надеждой на мое скорое обращение, я, отчаявшись, энергично потребовал, чтобы меня наконец оставили в покое и избавили от этой болтовни. Темноволосая девушка тоже была на вечере. Она внимательно выслушала мои слова и воскликнула с совершенно искренним одобрением:

— Браво!

Я же был слишком раздосадован, чтобы обращать на это внимание.

Зато с еще большим удовольствием я стал свидетелем одного маленького курьезного злоключения, случившегося во время очередного широкого празднества воздержников. Общество трезвости в полном составе заседало и трапезничало вместе с бесчисленными гостями в своих родных стенах; звучали речи, заключались дружеские союзы, исполнялись хоровые произведения, превозносились до небес успехи благого дела. Одному рядовому члену общества, исполнявшему обязанности знаменосца, наскучили безалкогольные речи, и он потихоньку улизнул в ближайший трактир; когда же началось празднично-торжественное шествие через весь город с лозунгами и плакатами, злорадствующие грешники от всей души насладились восхитительным зрелищем: во главе радостно-ликующей процессии красовался пьяный, чрезвычайно довольный знаменосец, а знамя голубого креста в его руках напоминало надломленную бурей корабельную мачту, готовую в любую минуту рухнуть на палубу.

Пьяный знаменосец был удален; не удален был, однако, животрепещущий клубок противоборствующих тщеславий, мелкой зависти и интриг, возникший между отдельными конкурирующими обществами и комиссиями и проросший яркими, мясистыми цветами. Движение раскололось. Несколько спесивцев вознамерились присвоить всю славу себе и яростно чернили всякого не от их имени обращенного пропойцу; благородством и самоотверженностью истинных борцов за трезвость, в которых не было недостатка, злоупотребляли все кому не лень, и вскоре люди, стоявшие поближе к этому движению, смогли воочию убедиться, что и здесь под корой безупречно соблюдаемого этикета давно уже завелись и расплодились зловонные черви людских слабостей и пороков. Комедия эта доходила до меня по частям, через третьи руки, наполняя мое сердце тайной радостью, и частенько, возвращаясь домой с ночных попоек, я думал: «Вот видите, мы, дикари, все же лучше вас».

Я усердно учился и мыслил в своей маленькой, высоко и гордо вознесшейся над Рейном комнатушке. Мне было невыразимо горько оттого, что жизнь стекала с меня мгновенно испаряющимися каплями росы, что ни один бурный поток не мог подхватить и унести меня с собою и ни одна пылкая страсть или глубокая причастность к чему-либо не могли разгорячить мою кровь и вырвать меня из плена тяжелого сна наяву. Правда, кроме каждодневного, насущного труда я был занят подготовкой к работе над произведением, в котором отразилась бы жизнь первых миноритов, однако это было не творчество, а лишь скромное, непрерывное собирание материала и не могло утолить мою тоску. Я стал, вспоминая Цюрих, Берлин и Париж, размышлять над характерными желаниями, страстями и идеалами своих современников. Один трудился над тем, чтобы, отменив прежнюю мебель, прежние обои и платья, приучить человека к более свободным и прекрасным формам. Другой проповедовал геккелевский монизм в популярных статьях и докладах. Третий избрал своей целью установление вечного мира на земле. А кто-то боролся за интересы обездоленных низших сословий или был занят сбором средств и голосов в пользу создания театров и музеев для народа. Здесь же, в Базеле, боролись за трезвость.

Во всех этих устремлениях была жизнь, чувствовались порыв и движение, однако ни одно из них не было для меня важным и необходимым, и, если бы все те цели были сегодня достигнуты, это ничуть не коснулось бы меня и моей жизни. В отчаянии откидывался я на спинку кресла, отодвинув от себя книги и записи, и вновь думал, думал. Потом я слушал, как катит под окнами свои воды старый Рейн и гудит ветер, и растроганно внимал голосу великой, всюду подстерегающей скорби и тоски. Я смотрел на бледные ночные облака, несущиеся по небу, словно стаи испуганных птиц, слушал гул Рейна и думал о смерти матери, о святом Франциске, о родине, затерянной среди снежных вершин, и об утонувшем Рихарде. Я видел себя карабкающимся по отвесной скале за альпийскими розами, предназначенными для Рози Гиртаннер, я видел себя в Цюрихе, возбужденного книгами, музыкой и разговорами, видел, как плыву на лодке по ночному озеру с Альетти, как предаюсь отчаянию после смерти Рихарда, как путешествую и возвращаюсь обратно, исцеляюсь и вновь впадаю в страшный недуг. Зачем? Для чего? О Господи, неужели же все это лишь игра, случай, нарисованная картина? Разве я не боролся, не мучился, вожделея духа, дружбы, красоты, истины и любви? Разве не дымится во мне до сих пор горячий источник тоски и любви? И все это никому не нужно, все зря, все мне на муку!

При мысли об этом я окончательно созревал для кабака. Задув лампу, я на ощупь спускался по крутой старой винтовой лестнице и спешил туда, где пили фельтлинское или ваадтлендское. Там меня встречали уважительно, как почетного гостя, я же по обыкновению своенравничал, а иногда и безбожно грубил. Я читал «Симплициссимус»*, который всегда меня злил, пил свое вино и ждал, когда оно меня утешит. И сладкое божество прикасалось ко мне своею по-женски мягкой рукой, наполняло члены приятной усталостью и уводило заблудшую душу мою в страну прекрасных грез.

Подчас я и сам удивлялся тому, что был с людьми так несносен и находил удовольствие в том, чтобы рычать на них. Кельнерши в наиболее посещаемых мною трактирах боялись и проклинали меня как отпетого грубияна и ворчуна, который всегда чем-то недоволен. Если мне случалось вступить в беседу с другими посетителями, я был неизменно груб и язвителен; впрочем, и люди эти не заслуживали другого тона. И все же среди них было несколько гуляк-завсегдатаев, уже стареющих и неисправимых грешников, с которыми я скоротал не один вечер и нашел нечто вроде общего языка. Особенно интересен оказался один пожилой мужлан, художник-дизайнер по профессии, женоненавистник, похабник и испытанный бражник-виртуоз. Всякий раз, когда я заставал его одного в каком-нибудь погребке, дело принимало почти драматический оборот. Вначале мы болтали, острили, между делом, как бы мимоходом, приговаривая бутылочку красного, затем вино постепенно выступало на первый план,

---

* Немецкий сатирический иллюстрированный еженедельник, названный по одноименному роману Г. Я. К. Гриммельсгаузена.

а разговор затухал, и, молча сидя друг против друга, мы попыхивали своими бриссаго* и осушали бутылку за бутылкой. При этом мы не уступали друг другу в количестве выпитого вина: каждый заказывал свою очередную бутылку одновременно с противником, внимательно следя за ним с уважением и тайным злорадством. Однажды поздней осенью, в пору молодого вина, мы вместе совершили рейд по утопающим в виноградниках маркграфским деревушкам, и в Кирхене, в трактире «Олень» старик поведал мне историю своей жизни. Мне думается, это была интересная и необычная история, но, к сожалению, я ее совершенно позабыл. В памяти моей осталось лишь его описание одной попойки, уже в зрелом возрасте. Это было на каком-то деревенском празднике.

Оказавшись за столом для почетных гостей, он сумел подвигнуть священника, равно как и сельского старосту, к преждевременным и чересчур обильным возлияниям. Священнику же предстояло еще держать речь. Когда его с трудом водрузили на подиум, он стал произносить немыслимые вещи и был немедленно удален, после чего его попытался заменить староста. Тот принялся неистово импровизировать, но из-за резких движений ему вдруг сделалось дурно, и речь свою он закончил весьма необычным и неблагородным образом.

---

* Сорт сигар, по имени швейцарского местечка на берегу озера Лаго Маджоре.

Позже я бы охотно еще раз послушал эту и многие другие его истории. Но вскоре на празднике стрелков мы безнадежно рассорились, оттаскали друг друга за бороды и в гневе разошлись. С тех пор, уже будучи врагами, мы не раз сидели в одном трактире, разумеется, каждый за своим столом, по старой привычке молча следили друг за другом, пили в одном и том же темпе и засиживались так долго, что оставались совсем одни и нас настоятельно просили поторопиться. Примирение так никогда и не состоялось.

Бесплодны и утомительны были вечные раздумья о причинах моей тоски и моего неумения жить. У меня отнюдь не было ощущения, будто я уже отцвел и засох и ни на что больше не гожусь; напротив, я полон был глухих порывов и верил, что и мне суждено в заветный час создать нечто глубокое и доброе и силой вырвать у неприступной жизни хотя бы горсть счастья. Но наступит ли он когда-нибудь, этот заветный час? С горечью думал я о тех современных нервных господах, которые понукают сами себя, изобретают тысячи способов, чтобы подвигнуть себя к творчеству, в то время как во мне давно томятся без дела могучие силы. Я мучительно искал ответа на вопрос, что же это за недуг или демон поселился в моем несокрушимом теле и тяжко гнетет слабеющую, задыхающуюся душу. При этом я еще странным образом склонен был считать себя экстраординарным, в какой-то мере обделенным судьбой человеком, страдания которого никто не знает, не понимает и никогда не разделит. В этом и заключается проклятье тоски — что она делает человека не только больным, но также близоруким и самонадеянным, а то и чванливым. Он тут же уподобляется в своих собственных глазах пошлому гейневскому Атланту*, приявшему на плечи все боли и загадки мира, как будто тысячи других людей не претерпевают те же муки и не блуждают в том же лабиринте. В своей изолированности и оторванности от родины я незаметно утратил и сознание того, что большая часть моих свойств и особенностей — не моя собственность, а скорее фамильное достояние или фамильный недуг Каменциндов.

Примерно раз в две недели я наведывался в гостеприимный дом вышеупомянутого ученого. Постепенно я свел знакомство почти со всеми, кто там бывал. Это были в основном молодые студенты всех факультетов, в том числе много немцев, кроме того, два-три художника, несколько музыкантов и с полдюжины бюргеров со своими женами и подружками. Я часто с удивлением смотрел на этих людей, которые приветствовали меня как редкого гостя и о которых я знал, что они видятся друг с другом столько-то или столько-то раз на неделе. Чем они каждый раз занимались и о чем могли так много говорить друг с другом? Большинство из них представляли собой стереотипные

---

* Образ из стихотворного цикла Генриха Гейне «Возвращение домой», вошедшего в «Книгу песен».

экземпляры homo socialis; мне казалось, будто все они состоят друг с другом в некотором родстве, объединяемые неким нивелирующим духом обходительности, которого только я один и был лишен. Было среди них и несколько тонких и ярких личностей, у которых это вечное общение с другими, очевидно, не могло отнять их свежести и духовной силы, во всяком случае не очень им вредило. С некоторыми из них я мог порою подолгу и с увлечением беседовать. Но переходить от одного к другому, задерживаясь с каждым лишь на минутку, наудачу говорить дамочкам любезности, сосредоточив свое внимание на чашке чая, двух беседах и фортепьянной пьесе в одно и то же время, и при этом выглядеть оживленным и веселым — этого я не умел. Сущим наказанием было для меня говорить о литературе или искусстве. Я видел, что на эту область приходится очень мало размышлений, очень много лжи и невыразимо много болтовни. Я без всякой радости лгал вместе со всеми и находил все это нескончаемое, бесполезное словоблудие скучным и унизительным. Гораздо охотнее я слушал, например, как какая-нибудь женщина рассказывает о своих детях, или сам рассказывал о своих путешествиях, о маленьких, будничных приключениях и других реальных вещах. Тон мой при этом нередко становился доверительным, почти веселым. Однако после таких вечеров я, как правило, направлялся в какой-нибудь погребок, чтобы промочить пересохшее горло и смыть с души мерзкую скуку фельтлинским.

На одной из этих вечеринок я вновь увидел черноволосую девушку. Гостей было много; они, по обыкновению, музицировали и производили привычный шум и гвалт, а я, запасшись папкой с рисунками, уединился в укромном уголке под лампой. Это были виды Тосканы — не обычные, тысячу раз виденные эффектные картинки, а более интимные, не для публики, а для души зарисованные ведуты, большей частью подарки друзей и дорожных знакомых хозяина. Я как раз только что наткнулся на рисунок каменного домика с узкими оконцами в одинокой долине близ Сан-Клементе, который я узнал, так как не раз гулял в тех местах. Долина эта расположена совсем рядом с Фьезоле, но толпы туристов она не привлекает, поскольку в ней нет следов старины. Стиснутая со всех сторон высокими, голыми и строгими горами, сухая и безлюдная, отрешенная от мира, печальная и нетронутая, она замечательна своей странной, суровой красотой.

Девушка подошла ко мне сзади и заглянула через плечо.

— Отчего вы всегда сидите один, герр Каменцинд?

Я рассердился. «Мужчины, верно, не очень балуют ее сегодня своим вниманием, поэтому она пришла ко мне», — подумал я.

— Что ж, я так и не дождусь ответа?

— Прошу прощения, фройляйн. Но что же мне вам ответить? Я сижу один, потому что мне это нравится.

— Стало быть, я вам мешаю?

— Странная вы, однако.

— Благодарю. Я о вас того же мнения.

И она уселась рядом. Я упорно продолжал держать в руках рисунок.

— Вы ведь горец, — сказала она. — Мне бы очень хотелось услышать ваш рассказ об Альпах. Мой брат говорит, что в вашей деревне есть лишь одна фамилия, что там все сплошь Каменцинды. Это правда?

— Почти, — буркнул я. — Есть еще булочник, которого зовут Фюсли. И трактирщик по имени Нидеггер.

— И больше ни одной другой фамилии? Только Каменцинд? И все приходятся друг другу родственниками?

— Более или менее.

Я протянул ей рисунок. По тому, как ловко она взяла его в руки, я понял, что она кое-что смыслит в этом. Я сказал ей об этом.

— Вы меня хвалите, как школьный учитель, — рассмеялась она.

— Не угодно ли вам взглянуть на рисунок? — спросил я грубо. — В противном случае я положу его обратно в папку.

— Что же здесь изображено?

— Сан-Клементе.

— А где это?

— Под Фьезоле.

— Вы бывали там?

— Да, много раз.

— Как она выглядит, эта долина? Здесь ведь только фрагмент.

Я задумался. Строгий, мужественно-прекрасный ландшафт развернулся перед моим внутренним взором, и я прикрыл глаза, чтобы он вновь не ускользнул от меня. Я не сразу ответил ей, и мне было приятно, что она тихо сидела и ждала. Она поняла, что я думаю.

И я принялся описывать долину Сан-Клементе, ее безмолвный, изможденный, но прекрасный лик, объятый пожаром знойного итальянского полдня. Совсем рядом, во Фьезоле, люди трудятся на своих фабриках или плетут свои корзины и соломенные шляпы, продают сувениры и апельсины, пристают к туристам, жульничают или попрошайничают. Дальше, внизу, раскинулась Флоренция, в которой слились, словно два потока, прошлое и настоящее. Из долины Сан-Клементе не видно ни Фьезоле, ни Флоренции. Здесь не работали художники, здесь нет римских построек; история забыла про бедную долину. Зато здесь борются с землей дожди и солнце, здесь упрямо цепляются за жизнь кривые пинии, а несколько кипарисов робко щупают небо своими тощими верхушками — не приближается ли враждебная буря, чтобы еще больше обнажить их жаждущие корни и сократить их и без того скудную жизнь. Время от времени проезжает запряженная волами телега с ближайшего хутора или неторопливо проходит крестьянская семья, направляющаяся во Фьезоле, однако люди кажутся здесь непрошеными гостями, и красные юбки крестьянок, всегда такие веселые, всегда радующие взор, здесь как-то некстати; хочется, чтобы они поскорее скрылись из вида.

Я рассказал о том, как еще юношей бродил там вместе со своим другом, отдыхал под кипарисами, прислоняясь к их тощим стволам, и о том, как эта странная долина своим сладостно-щемящим очарованием одиночества напоминала мне родные ущелья.

Мы немного помолчали.

— Вы поэт, — сказала девушка.

Я скорчил гримасу.

— Я имею в виду другое, — продолжала она. — Не потому, что вы пишете новеллы и тому подобные вещи. А потому, что вы понимаете и любите природу. Другим нет никакого дела до того, что это дерево шелестит листвой, а та горная вершина пылает на солнце. Вы же видите в этом жизнь и сами можете жить этой жизнью.

Я ответил, что никто не «понимает природу» и что все эти поиски и попытки «постичь» не приносят ничего, кроме печали и новых загадок. Освещенное солнцем дерево, обветренный камень, животное, гора — они обладают жизнью, своей собственной историей; они живут, страдают, борются, блаженствуют, умирают, но нам этого не понять.

Продолжая говорить и радуясь при этом ее тихому, терпеливому вниманию, я принялся разглядывать ее. Она смотрела мне в лицо и не отводила глаз, встретившись с моим взглядом. Лицо ее, совершенно спокойное и слегка напряженное от внимания, казалось, было целиком во власти моего голоса. Так, будто слушателем моим был ребенок. Нет, пожалуй, не ребенок, а взрослый, который, забывшись, делает по-детски удивленные глаза и не замечает этого. Так, разглядывая ее, я постепенно, с наивной радостью открытия, понял, что она очень красива.

Когда я умолк, девушка еще некоторое время тоже не произносила ни слова. Наконец она встрепенулась и заморгала на свет лампы.

— Как, собственно, ваше имя, фройляйн? — спросил я без всякой задней мысли.

— Элизабет.

Она ушла, и вскоре ее заставили поиграть на фортепьяно. Играла она хорошо. Но когда я подошел ближе, то увидел, что она уже вовсе не так красива, как несколько минут назад.

Спускаясь по уютной старомодной лестнице, чтобы отправиться домой, я услышал обрывок разговора двух художников, надевавших в передней свои пальто.

— Однако целый вечер он был занят красоткой Лизбет, — сказал один и рассмеялся.

— В тихом омуте!.. — откликнулся второй. — А выбор-то его трудно назвать неудачным!

Значит, эти обезьяны уже судачат о нас. Мне вдруг пришло в голову, что я почти против воли поделился с этой чужой девицей интимными воспоминаниями, выложил перед нею добрый кусок своей внутренней жизни. Как же это могло случиться? А сплетники уже тут как тут! Мерзавцы!

Я ушел и несколько месяцев не показывался в этом доме. Случаю угодно было, чтобы именно один из тех двух художников оказался первым, кто, встретив меня на улице, стал допытываться о причинах моего долгого отсутствия.

— Почему вы больше не бываете там?

— Потому что я терпеть не могу эти гнусные сплетни, — ответил я.

— Да, наши дамы!.. — рассмеялся этот тип.

— Нет, — возразил я, — я как раз имею в виду мужчин, в особенности господ художников.

Элизабет я за эти несколько месяцев видел всего лишь два раза: один раз в лавке, другой раз в выставочном зале. Обычно она была просто хороша, но не красива. Движения ее и чересчур стройная фигура заключали в себе некую изысканность, которая была ей к лицу и выделяла ее среди прочих женщин, но иногда вдруг начинала казаться вычурной и неестественной. Но в тот раз, в выставочном зале, она была красива, чрезвычайно красива. Меня она не видела. Присев в сторонке немного отдохнуть, я листал каталог. Она стояла поблизости от меня перед большим полотном Сегантини* и была совершенно поглощена картиной. На ней изображены были несколько девушек-крестьянок, работающих на

* Джованни Сегантини — итальянский живописец последней четверти XIX века.

худосочных горных лугах; вдали виднелись зубчатые, крутые горы, чем-то похожие на Штокхорн, а над ними, в ясном, прохладном небе, — потрясающее, гениально написанное облако цвета слоновой кости. Оно поражало в первый же миг своей причудливо клубящейся, свитой в тугие кольца массой; ветер только что собрал его в комок, замесил, и оно уже готово было подняться ввысь и медленно тронуться в путь. Должно быть, Элизабет поняла это облако, потому что она созерцала его, позабыв обо всем на свете. Всегда прячущаяся душа ее вновь проступила на лице и тихо улыбалась из широко открытых глаз, сделав чересчур узкий рот по-детски мягким и разгладив не по годам умную, скорбную складку между бровей. Красота и истинность великого произведения живописи заставили и душу зрителя совлечь с себя все покровы и предстать во всей своей красоте и истинности.

Я тихонько сидел рядом и любовался то прекрасным облаком Сегантини, то прекрасной девушкой, восхищенной этим облаком. Потом, вдруг испугавшись, что она может оглянуться, увидеть меня, заговорить и вновь лишиться своей красоты, я быстро и бесшумно покинул зал.

В те дни радость, внушаемая мне немой природой, и мое отношение к ней претерпевали странную метаморфозу. Я вновь и вновь бродил по удивительным окрестностям города и нередко добирался до самых отрогов Юры. Я вновь и вновь видел леса и горы, альпийские луга, фруктовые деревья и кустарники, которые стояли и молча ждали чего-то. Или кого-то. Быть может, меня. Во всяком случае — любви.

И я начал любить их. Могучее, подобное жажде влечение родилось во мне и потянулось навстречу их тихой красоте. Во мне тоже глухо просились наружу, вожделея осознания, понимания, любви, глубинная жизнь и тоска.

Многие говорят, что «любят природу». Это означает, что они не прочь время от времени вкушать ее общедоступных прелестей. Они отправляются на прогулку и радуются красоте земли, вытаптывают луга и возвращаются, не преминув нарвать целые охапки цветов, чтобы вскоре выбросить их или сунуть дома в вазу и тут же забыть про них. Так они любят природу. Они вспоминают об этой любви в погожие воскресные дни и сами умиляются своему доброму сердцу. Они могли бы и не утруждать себя, ведь «человек — это венец природы». Да уж, венец!..

Итак, я с все большим любопытством смотрел вглубь вещей. Я слышал многоголосое пение ветра в кронах деревьев, слышал грохот скачущих по ущельям ручьев и тихий плеск кротких равнинных потоков, и я знал, что все эти звуки суть язык Бога и что понять этот темный, дивный Праязык — значит вновь обрести утерянный рай. Книги молчат об этом; лишь в Библии есть чудесное слово о «неизреченных воздыханиях» живой твари. Но я чувствовал, что во все времена находились люди, которые, как и я, пленившись этим непонятным, бросали свои каждодневные заботы и искали тишины, чтобы послушать песнь творения, полюбоваться полетом облаков и в неотступной тоске молитвенно протянуть руки навстречу вечному. Отшельники, кающиеся грешники и святые.

Ты когда-нибудь бывал в Пизе, в Кампосанто*? Стены там украшены выцветшими фресками прошлых столетий, и одна из них изображает жизнь отшельников в фивейской пустыне. Наивная картина, несмотря на выцветшие краски, излучает такое волшебство, такой блаженно-невозмутимый мир, что ты испытываешь внезапную боль и неистовое желание очиститься где-нибудь, в заповедной, священной дали, выплакав все свои грехи, и никогда более не возвращаться обратно. Бесчисленное множество художников вот так же пытались выразить свою тоску по родине в безмятежных картинах, и какая-нибудь маленькая, милая, детская картинка Людвига Рихтера** пропоет тебе ту же песню, что и пизанские фрески. Почему Тициан, друг зримого и осязаемого, порою писал свои ясные

---

* Кладбище в Пизе, входящее в знаменитый архитектурный ансамбль на главной площади города; фрески, о которых пишет Гессе, были уничтожены во время налетов американской авиации в 1944 г.

** Немецкий живописец и график середины XIX века, представитель позднего романтизма.

и предметные композиции на фоне сладких, небесно-голубых далей? Всего лишь несколько мазков глубокой, теплой лазури, так что не видно даже, далекие ли это горы или просто безбрежное пространство. Реалист Тициан и сам не знал этого. Он делал это вовсе не в угоду цветовой гармонии, как ошибочно полагают искусствоведы; это была всего лишь дань Неутолимому, таившемуся и в душе этого жизнерадостного счастливца. Искусство, казалось мне, во все времена стремилось даровать внятный голос нашей немой жажде Божественного.

Еще прекраснее, мудрее и в то же время по-детски доверчиво и просто выразил это святой Франциск. Я лишь тогда понял его до конца. Объяв своей любовью к Богу всю землю, растения, звезды, животных, ветра и воды, он опередил средневековье и даже Данте и нашел язык безвременно-человеческого. Он называл все силы и явления природы своими возлюбленными сестрами и братьями. В зрелые годы, приговоренный лекарями к прижиганию лба каленым железом, он сквозь страх истязаемой, тяжелобольной плоти благословил это ужасное железо как своего «возлюбленного брата, огонь».

Проникнувшись личной любовью к природе, слушая ее, как верного товарища и спутника, я не исцелился от своей тоски, но она стала чище и возвышенней. Мой слух и мое зрение обострились, я научился воспринимать тончайшие оттенки и различия и сгорал от желания все ближе, все отчетливее слышать сердцебиение самой Жизни и, быть может, когда-нибудь постичь его смысл, быть может, когда-нибудь сподобиться счастья выразить его на языке поэзии, чтобы и другие, услышав его и просветлив свой разум, могли приникнуть к величайшему источнику свежести, чистоты и непреходящего детства. Пока что это была всего лишь тоска, всего лишь мечта; я не знал, исполнится ли она когда-нибудь, и посвятил себя тому, что было доступно, отучаясь смотреть на вещи с презрением или равнодушием и расточая любовь всему зримому.

Я не в силах передать, как обновляюще, как благотворно это отразилось на моей омраченной жизни! Нет на свете ничего более возвышенного и отрадного, нежели бессловесная, неутомимая, бесстрастная любовь, и самое заветное желание мое заключается в том, чтобы хоть кто-нибудь из читающих эти строки — будь то всего лишь двое или даже один — начал бы, благодаря мне, постигать это чистое и благословенное искусство. Иные владеют им от рождения и проносят его через всю жизнь, сами того не сознавая; это избранники Божии, слуги добра, взрослые, сумевшие остаться детьми. Иные постигли его в тяжелых страданиях — доводилось ли вам когда-нибудь видеть калек или обездоленных нищих с мудрыми, тихими, сияющими глазами? Если вам не угодно слушать меня и мои речи, ступайте к ним, в которых бескорыстная любовь победила и просветлила страдания.

Сам я и поныне безнадежно далек от того совершенства, которое так почитал во многих бедных страстотерпцах. Однако все эти годы меня почти не покидала утешительная вера в то, что я знаю путь к нему.

Не могу похвастаться, что все время шел этим путем, — я не упускал ни одной возможности передохнуть и частенько сбивался на опасные окольные дороги. Два могучих и эгоистичных пристрастия противоборствовали во мне чистой любви. Я был пьяница и нелюдим. Правда, я урезал свою обычную дозу вина, но примерно раз в две недели льстивому божеству моему удавалось уговорить меня вновь броситься ему на грудь. Впрочем, такого, чтобы я, напившись пьяным, валялся на улице или совершал другие, подобные тому ночные «художества», со мною не случалось, ибо вино любит меня и заманивает лишь в те пределы, где его духи вступают с моим собственным духом в дружескую беседу. И все же после каждого кутежа меня долго терзали угрызения совести. Но в конце концов не мог же я оградить свою любовь именно от вина, к которому унаследовал от отца непреодолимое пристрастие. Я, годами благоговейно лелеявший это наследство и усердно овладевавший им, сам себе пришел на выручку и заключил полусерьезный, полушутливый компромисс между инстинктом и совестью: в хвалебную песнь Франциска Ассизского я включил и «моего возлюбленного брата, вино».

6

Гораздо хуже был другой мой порок. Я не любил людей, жил отшельником и в отношении человеческих ценностей постоянно был во всеоружии сарказма и презрения.

В начале своей новой жизни я совсем не думал об этом. Мне казалось верным, предоставив людей друг другу, все свое сочувствие, всю свою нежность и преданность принести в дар немой жизни природы. К тому же она совершенно переполняла меня в то время.

Ночью, уже собираясь отойти ко сну, я порой неожиданно вспоминал какой-нибудь холм, или опушку леса, или полюбившееся мне одинокое дерево, которого давно не видел: как-то оно там без меня? Стоит, верно, на ветру, в темноте, и грезит о чем-нибудь или просто дремлет, а может быть, стонет в полузабытьи и простирает в ночь свои ветви. Как оно выглядит в эту минуту? И я покидал дом, отправлялся к нему, смотрел, как дрожит во мраке его размытый силуэт, любовался им с изумленной нежностью и уносил с собой его туманный образ.

Вам все это покажется смешным. Что ж, любовь эта, если и была ошибочной, то отнюдь не бесплодной. Однако где же мне следовало искать путь, ведущий к человеколюбию?

Как известно, доброе начало не бывает без конца. Все ближе и реальнее представлялась мне перспектива моей великой поэмы. Но если любовь моя однажды должна привести меня к тому, что я в своей поэзии заговорю на языке лесов и рек, к кому же обращена будет моя речь? Не только к моим любимцам, но прежде всего к людям, чьим вождем я пожелал стать и кого вознамерился учить любви. И с этими людьми я был так груб, язвителен и бессердечен. Я ощутил некую раздвоенность и острую нужду в том, чтобы, поборов суровую отчужденность, оказать и людям знаки братской преданности. А это было тяжело, ибо одиночество и превратности судьбы именно эту сторону моей души сделали черствой и злой. Того, что я в трактире или дома старался быть помягче с окружающими меня людьми или приветливо кивал знакомым при встрече, было недостаточно. Кстати сказать, только теперь я воочию смог увидеть, насколько основательно я испортил свои отношения с людьми: мои проявления дружелюбия одними были встречены с холодным недоверием, другими воспринимались как издевательство. Самым же печальным было то, что я к тому времени уже почти целый год не заглядывал в дом ученого, единственный дом, в который я был вхож, и я понял, что прежде всего мне надлежит вновь постучаться в эти двери и освоить местные способы общения.

И вот тут-то мне изрядно помогла моя собственная, многократно осмеянная, бренная человечность. Едва успел я подумать об этом доме, как увидел внутренним взором своим Элизабет такою же красивой, какою она была перед облаком Сегантини, и внезапно подумал, что ей, должно быть, очень близки моя тоска и печаль. И случилось так, что я впервые серьезно задумался о женитьбе. До этого я был так убежден в своей совершенной неспособности к браку, что уже совсем примирился было со жребием холостяка, не жалея по этому поводу язвительной иронии. Я был поэт, бродяга, пьяница, угрюмый бобыль! И вот, казалось, сама судьба явилась, чтобы воздвигнуть для меня мост в мир людей, даровав мне возможность счастливого брачного союза. Все представлялось таким заманчивым и надежным! То, что Элизабет относилась ко мне с участием, я и чувствовал, и видел. Как, впрочем, и то, что у нее была восприимчивая и благородная душа. Я вспомнил, как ожила ее красота за болтовней о Сан-Клементе, а затем перед полотном Сегантини. Я же за долгие годы, проведенные на приисках природы и искусства, сумел скопить в душе своей изрядное богатство; она могла бы учиться у меня умению видеть дремлющее на каждом шагу прекрасное; я окружил бы ее прекрасным и истинным, так что и лицо, и душа ее, озарившись кротким весельем, забыли бы печаль и расцвели бы, как весенний цвет. Странным образом я не чувствовал комичности этой произошедшей со мною внезапной перемены. Я, затворник и нелюдим, за ночь превратился во влюбленного фата, размечтавшегося о супружеском счастье и об устройстве своего собственного домашнего очага.

Я без промедления отправился в гостеприимный дом ученого, где меня приняли с дружескими упреками. Вновь сделавшись частым гостем ученого, я после нескольких визитов наконец встретил там Элизабет. О, она была прекрасна; она была именно такой, какой я и представлял ее себе в роли моей возлюбленной: прекрасной и счастливой. И я в продолжение целого часа блаженствовал в лучах этой радостно-светлой красоты. Она приветствовала меня благосклонно, даже сердечно, и с какою-то дружески-ласковой небрежностью, от которой я почувствовал себя окрыленным.

Вы не забыли еще тот вечер на озере, катание на лодке, — тот вечер с красными бумажными фонариками, с музыкой и с моим несостоявшимся, задушенным в самом зародыше объяснением в любви? Это была печальная и смешная история влюбленного мальчика.

Еще печальнее и смешнее была история влюбленного мужчины Петера Каменцинда.

Я узнал невзначай, что Элизабет с недавних пор помолвлена. Я поздравил ее, познакомился с женихом, который зашел за нею, чтобы проводить ее домой, и не преминул поздравить и его. Весь вечер я, словно маску, носил на лице благодушно-покровительственную улыбку. После я не бросился ни в лес, ни в трактир, а просто сидел на своей кровати и, не отрываясь, смотрел на лампу, пока она не засмердила и не потухла, сидел, удивленный и словно ошалелый, пока наконец сознание вновь не вернулось ко мне. И тогда боль и отчаяние вновь распростерли надо мной свои черные крылья, и я почувствовал себя маленьким, слабым и разбитым и заплакал, всхлипывая, как дитя.

Потом я уложил свой дорожный мешок и, дождавшись утра, отправился на вокзал и уехал домой. Мне вдруг захотелось вновь вскарабкаться на Зенналъпшток, мысленно перенестись назад в детство и проведать отца, — жив ли он еще.

Мы стали друг другу чужими. Отец, совершенно поседевший, слегка согнулся и как-то потускнел. Со мною он обходился мягко, с заметной робостью, ни о чем не спрашивал, хотел уступить мне свою кровать, и вообще мой приезд, казалось, смутил его не меньше, чем удивил. Он по-прежнему жил в нашем маленьком домишке, скотину же и пару имевшихся у нас выгонов продал, получал небольшой процент и немного подрабатывал, выполняя то тут, то там какую-нибудь легкую работу.

Оставшись один, я подошел к тому месту, где прежде стояла кровать моей матери, и прошлое прихлынуло, словно широкий, безмятежный поток. Я давно уже был не юноша, и мне пришло в голову, что годы быстро промелькнут один за другим и я тоже превращусь в седого, согбенного старичка и тоже приму горькую чашу смерти. В старой, бедной, почти не изменившейся комнатушке, где я вырос, где я учил латынь и где увидел смерть матери, эти мысли приобретали какую-то умиротворяющую естественность. Я с благодарностью вспомнил все богатство своей юности; мне пришло на ум несколько строк Лоренцо Медичи, которые я выучил во Флоренции:

Quant' è bella giovinezza,
Ma si fugge tuttavia!
Chi vuol esser lieto, sia:
Di doman non c'è certezza*.

И в то же время я удивился воспоминаниям, хлынувшим в эту старую, пахнущую родиной комнату из Италии, из прошлого, из необъятного царства духа.

Потом я дал отцу немного денег. Вечером мы отправились в трактир, и все было так же, как тогда, в первый раз, если не считать того, что за вино теперь платил я, а отец, рассуждая о «звездном» невшательском и о шампанском, уважительно выслушивал мое мнение и что я теперь мог выпить куда больше, чем старик. Я поинтересовался, жив ли еще тот мужичонка, которому я вылил на лысину вино. Мне рассказали, что весельчака этого и непревзойденного мастера шутливого подвоха давно уже нет в живых и проделки его поросли быльем. Я пил ваадтлендское, слушал разговоры, кое-что рассказал сам, и, когда мы

---

* Ах, как молодость прекрасна! / Жаль, что век наш быстротечен. / Будь же весел и беспечен — / Над грядущим мы не властны. (*Лоренцо Медичи, Триумф Вакха и Ариадны; перевод И. Городинского*).

с отцом поплелись домой, сквозь лунную ночь, и старик во хмелю продолжал разглагольствовать и жестикулировать, мною овладело такое острое чувство нереальности и заколдованности, какого я еще никогда не испытывал. Вкруг меня теснились образы прошлого: дядюшка Конрад, Рози Гиртаннер, мать, Рихард, Альетти; я рассматривал их, как рассматривают детскую книжку с красивыми картинками, удивляясь тому, как сладко хороши и ладны изображенные в ней предметы, в то время как в действительности они гораздо неказистее и проще. Как же это возможно, чтобы все прошелестело мимо, прошло, позабылось и вдруг встало перед глазами, словно отчетливо и аккуратно выведенное кистью художника, — целая жизнь, сохраненная памятью помимо моей воли?

Лишь когда мы добрались до дома и старик наконец умолк и погрузился в сон, я вновь вспомнил об Элизабет. Еще вчера она меня приветствовала, а я восхищался ею и желал ее жениху счастья. Казалось, будто с тех пор прошло много времени. Но боль вновь проснулась, вплелась в бурливый поток воспоминаний и принялась остервенело трясти мое эгоистичное и плохо защищенное сердце, как фён терзает дрожащую, ветхую хижину альпийского пастуха. В конце концов я, не усидев дома, вылез через низкое окошко, прошел огородом к берегу, отвязал наш заброшенный, осиротевший челнок и тихо поплыл сквозь бледную мглу повисшей над озером ночи. Вокруг торжественно молчали окутанные серебряной дымкой горы, полная луна неподвижно висела на синеватом небосклоне, почти касаясь остроконечной вершины Шварценштока. Было так тихо, что я даже мог различить слабый шелест далекого водопада в одной из расселин Зенналыштока. Духи моей родины, духи ушедшей юности осенили меня своими бледными крыльями, заполнили маленький челн и умоляюще простирали вдаль свои руки, указывали куда-то болезненными, непонятными жестами.

Что же означала эта моя жизнь, для чего через мое сердце прошло столько радости и боли? Для чего я так долго был мучим жаждой истинного и прекрасного, если жажда эта до сих пор не утолена? Зачем я, одержимый упрямством, обливаясь слезами, терпел муки неразделенной любви к тем вожделенным красавицам, я, которого сегодня вновь душат стыд и слезы об очередной несчастной любви? И зачем этот непостижимый Бог вложил мне в сердце пылающий угль неукротимой жажды любви, если сам же уготовил мне жребий одинокого и нелюбимого затворника?

Вода глухо журчала у носа лодки и струилась жидким серебром с весел; по берегам высились горы, близкие и молчаливые; по волнам тумана в ущельях блуждал холодный лунный свет. Духи моей юности бесшумно обступили лодку и смотрели на меня своими бездонными глазами, тихо и вопросительно. Мне показалось, будто среди них была и прекрасная Элизабет, и я подумал, что она полюбила бы меня и стала моею, если бы я появился вовремя.

Мне подумалось также, что лучше всего было бы, наверное, тихо погрузиться на дно этого бледного озера и что никто не заметил бы моего исчезновения. Однако же я, напротив, сильнее налег на весла, заметив, что старый, прохудившийся челнок наш дает течь. Я вдруг озяб и поспешил к берегу, желая поскорее оказаться дома и забраться в постель. И вот я лежал, усталый, но бодрствующий, и размышлял о своей жизни, пытаясь понять, чего же мне не хватает и что мне необходимо для более счастливой и полноценной жизни и для того, чтобы я смог пробраться к самому сердцу бытия.

Я, конечно же, знал, что зерно всякой радости и всякой доброты есть любовь и что, несмотря на свежую рану, нанесенную мне Элизабет, я должен начать всерьез любить людей. Но как? И кого?

Тут мне пришел на ум мой старик отец, и я впервые заметил, что никогда не любил его по-настоящему. Мальчишкой я отравил ему немало минут, потом и вовсе оставил родительский кров, бросил его одного после смерти матери, нередко злился на него и в конце концов совсем о нем позабыл. Я представил себе, как он лежит на смертном одре, а я, одинокий, осиротевший, стою подле него и смотрю, как отлетает его душа — душа, которая так и осталась мне чужой и любви которой я никогда не добивался.

Так я начал постигать это тяжелое, но сладкое искусство, сделав предметом своей любви вместо прекрасной и боготворимой возлюбленной — старого и неотесанного пьяницу. Я больше не позволял себе быть с ним грубым, уделял ему немало внимания, читал ему истории из календаря, рассказывал о винах, которыми славятся Франция и Италия. Отнять у него последние крохи работы я не мог, так как без них бы он совсем опустился. Не удавалось мне и приучить его к тому, чтобы свою ежевечернюю дань кружке он отдавал не в трактире, а дома, со мной. Пару вечеров прошли благополучно: я приносил вино и сигары и старался развлечь старика, как мог. На четвертый или пятый раз он вдруг сделался неразговорчив и капризен, и, когда я спросил его, отчего он невесел, он сокрушенно ответил:

— Ты, знать, совсем решил не пускать своего отца в трактир!..

— Что ты! — ответил я. — Ты отец, а я твой сын, и все будет так, как ты пожелаешь.

Он испытующе посмотрел на меня прищуренным взглядом, взял, заметно повеселевший, свою шляпу, и через минуту мы дружно зашагали в сторону трактира.

По всему видно было, что старик уже начинал тяготиться моим обществом, хотя он ничего об этом не говорил. Да и мне захотелось уехать куда-нибудь на чужбину и там дожидаться исцеления моего раздвоенного духа.

— Что бы ты сказал, если бы я через день-другой собрался уезжать? – спросил я старика.

Почесав затылок, пожав своими щуплыми плечами, он лукаво и выжидающе улыбнулся:

— Так ведь тебе видней!..

Прежде чем уехать, я навестил нескольких соседей и монастырских знакомых и попросил их приглядывать за стариком. Еще один день я, воспользовавшись прекрасной погодой, посвятил восхождению на Зенналыпшток. Стоя на его широкой, полукруглой верхушке, я оглядел зеленые долины и горы, блестящие озера и подернутые дымкой города.

Все это некогда наполнило мое мальчишечье сердце могучим влечением к этим великим далям, и я отправился в путь, завоевывать прекрасный необъятный мир, и вот он вновь лежал предо мною, такой восхитительный и такой чужой, каким я никогда не видел его прежде, и я готов был вновь броситься в эту ширь, вновь пуститься на поиски страны счастья.

Я уже давно принял решение отправиться как-нибудь в Ассизи и пожить там некоторое время, продолжая исследования. И вот теперь я вначале вернулся в Базель, сделал необходимые приготовления, упаковал свои вещи и отправил их в Перуджу. Сам же я доехал лишь до Флоренции, а оттуда не спеша, в свое удовольствие побрел на юг. В тех краях путнику для дружеского общения с местными жителями вовсе не нужны никакие премудрости; жизнь этих людей настолько проста, свободна и наивна, что количество легко, мимоходом приобретенных друзей быстро растет от городка к городку. Я вновь испытал благодатное чувство защищенности и уверенности и решил, что и в Базеле я впредь стану искать тепло человеческого общения не в светском обществе, а среди простых людей.

В Перудже и Ассизи исторические исследования мои вновь приобрели смысл и живость. А поскольку там даже самый быт граничил с блаженством, то занемогшая душа моя вскоре начала исцеляться и снова наводить временные мосты в жизнь.

Ассизская хозяйка моя, словоохотливая и набожная торговка овощами, после нескольких бесед со мною о легендарном santo поклялась мне в вечной дружбе и расхвалила меня во всей округе как истового католика. Славе этой, хоть и полученной мною незаслуженно, я обязан был тем преимуществом, что мог близко сходиться с людьми, будучи свободным от подозрения в язычестве, которое неминуемо ложится на всякого чужеземца. Аннунциата Нардини — так звали хозяйку, вдову тридцати четырех лет от роду, — отличалась необъятными телесами и прекрасными манерами. По воскресным дням она в своем ликующе-пестром платье выглядела живым воплощением праздника; на груди у нее в дополнение к серьгам всякий раз мелодично позвякивало и сверкало монисто, состоявшее из золотой цепи со множеством золотых же медалек. Довершали ее воскресное убранство тяжелый, отделанный серебром молитвенник, который она повсюду таскала с собой и воспользоваться которым ей было бы весьма не просто, и красивые черно-белые четки с серебряными цепочками, которые она перебирала с тем большею ловкостью. Когда она, сидя в лоджетте, в перерыве между двумя мессами, перечисляла не сводящим с нее восторженных глаз соседкам грехи отсутствующих подружек, на круглом благочестивом лице ее было написано трогательное блаженство примиренной с Богом души.

Меня по причине невозможности выговорить мое имя все называли просто синьор Пьетро. Прекрасными золотистыми вечерами мы сидели все вместе — соседи, дети и кошки — в крохотной лоджетте или в лавке, посреди фруктов, корзин с овощами, коробок с семенами и развешенных копченых колбас, поверяли друг другу свои заботы, обсуждали виды на урожай, покуривали сигары или посасывали ломтики дыни. Я рассказывал о святом Франциске, о Порциункуле* и о церкви святого, о святой Кларе и о первых братьях-францисканцах. Меня внимательно слушали, засыпали маленькими, бесхитростными вопросами и, похвалив святого, переходили к обсуждению более новых и сенсационных событий, среди кото-

---

* Восстановленная Франциском часовня Санта Мария дельи Анджели близ Ассизи, его первая обитель; главнейшая святыня францисканского ордена.

рых особой популярностью пользовались истории о разбойниках и политические распри. Между нами играли, возились и барахтались дети, кошки и собачата. Повинуясь своему собственному желанию и чтобы оправдать свою добрую репутацию, я прочесывал жития святых в поисках назидательных и трогательных историй и не мог нарадоваться, что среди нескольких книг, привезенных мною с собой, оказались и «Жития праотцев и других богопреданных лиц» Арнольда*; они-то и служили мне источником простосердечных анекдотов, которые я с небольшими вариациями перелагал на простонародный итальянский язык. Прохожие останавливались ненадолго, кто послушать, а кто поболтать, и таким образом компания менялась порой три-четыре раза за вечер. Только мы с госпожой Нардини всегда оставались на месте. Подле меня неизменно стоял fiasco** с красным вином, и я немало импонировал этим бедным, умеренно живущим людям своей внушительной мерой возлияний. Робкие соседские девушки тоже постепенно прониклись ко мне доверием и все чаще вступали в разговор, стоя у порога, принимали от меня в подарок картинки и вскоре окончательно уверовали в мою святость, так как я не только не докучал им развязными шутками, но и вообще не заботился

---

* Арнольд Готтфрид (1666–1714) — евангелический теолог и историк церкви.

** Оплетенная бутыль для вина (*итал.*)

о том, чтобы добиться их расположения. Среди них было несколько большеглазых мечтательных красавиц, словно сошедших с полотен Перуджино. Они нравились мне все без исключения, я от души радовался их добродушно-лукавой красоте, но ни в одну из них не был влюблен, ибо самые хорошенькие из них так похожи были друг на друга, что красоту их я воспринимал лишь как свидетельство принадлежности к одной и той же породе, а не как личное преимущество. Нередко к нам присоединялся и Маттео Спинелли, молодой паренек, сын булочника, пройдоха и шутник. Он ловко подражал всевозможным животным, знал подробности всех скандалов, и голова его, казалось, вот-вот должна была лопнуть от переполнявших ее хитроумных и дерзких проказ. Когда я рассказывал легенды, он слушал с неописуемым благочестием и смирением, а затем, к ужасу торговки и нескрываемому удовольствию большинства слушателей, с невинным видом высмеивал святых отцов в злочестивых вопросах, предположениях и сравнениях.

Часто мы сидели вдвоем с госпожой Нардини; я внимал ее назидательным речам и грешным делом забавлялся ее многочисленными слабостями. От нее не мог укрыться ни один порок или недостаток близких; она заранее с ошеломляющей тщательностью определяла каждому из них его место в чистилище. Меня же она заключила в свое сердце и делилась со мною даже мельчайшими впечатлениями и наблюдениями, откровенно и обстоятельно. Она спрашивала меня после каждой сделанной мною покупки, сколько я заплатил, и зорко следила за тем, чтобы меня не обманули. Я рассказывал ей о жизни святых, она же посвящала меня в секреты кухни, торговли овощами и учила, как правильно покупать фрукты. Однажды вечером мы сидели под ветхими сводами овощной лавки. Я только что, к бешеному восторгу детворы и молоденьких девушек, спел швейцарскую песню, разразившись йодлером. Они визжали от удовольствия, пытались имитировать звуки чужого языка и показывали, как забавно дергался вверх-вниз мой кадык во время переходов. И тут кто-то вдруг заговорил о любви. Девушки захихикали, госпожа Нардини закатила глаза и томно вздохнула, и дело кончилось тем, что меня уговорили рассказать о моих любовных приключениях. Умолчав об Элизабет, я поведал им о катании на лодке с Альетти и о своем задушенном признании. Странно мне было рассказывать эту историю, о которой не знал никто, кроме Рихарда, моим любопытным умбрийским друзьям, здесь, посреди узеньких каменных переулков и холмов, объятых золотистым, благоуханным южным вечером. Я рассказывал без излишней рефлексии, в духе старых новелл, и все же сердце мое не могло остаться безучастным, и я втайне опасался, как бы слушатели мои не рассмеялись и не принялись дразнить меня.

Когда я кончил, ко мне были прикованы сочувственные взоры всех присутствующих.

— Такой красивый мужчина! — живо воскликнула одна из девушек.

— Такой красивый мужчина — и такая несчастливая любовь!

Госпожа Нардини осторожно провела своей круглой, мягкой ладонью по моим волосам и промолвила:

— Poverino!*

А другая девушка подарила мне большую грушу. Я попросил ее первой откусить от нее, и она исполнила мою просьбу, серьезно глядя мне в глаза. Когда же я и другим предложил откусить, она запротестовала:

— Нет, ешьте сами! Я подарила ее вам! Потому что вы нам рассказали о своем несчастье.

— Ну теперь-то вы уж непременно полюбите другую, — сказал мне загорелый дочерна виноградарь.

— Нет, — ответил я.

— О! Вы все еще любите эту злую Эрминию?

— Я теперь люблю святого Франциска, а он научил меня любить всех людей, и вас, и перуджийцев, и вот этих детей, и даже возлюбленного Эрминии.

Идиллический покой тех дней был, однако, вскоре нарушен определенными сложностями и опасностями, когда вдруг открылось, что синьора Нардини проникнута страстным желанием: чтобы я навсегда остался в Ассизи и женился на ней. Эта

---

* Бедняжка (*итал.*).

маленькая щекотливая история сделала из меня искуснейшего дипломата, ибо развеять ее мечты, не разрушив при этом гармонии и не лишившись уютно-безмятежной дружбы, оказалось делом весьма нелегким. Да и пора уже было собираться в обратный путь. Если бы не моя мечта о прекрасной поэме и не угрожающе растущая пустота в моем кошельке, я бы остался. Возможно, я бы даже женился на Нардини — именно из-за этой пустоты в кошельке. А впрочем, нет: мне не позволили бы сделать это еще не зарубцевавшаяся рана, нанесенная Элизабет, и желание вновь увидеть ее.

Вопреки ожиданию пышнотелая вдова легко смирилась с неизбежностью, и мне не пришлось поплатиться за ее разочарование.

Когда я уезжал, то для меня расставание было, пожалуй, тяжелее, чем для нее. Я оставлял здесь много больше, чем мне когда-либо доводилось оставлять на родине, и никогда и нигде мне не дарили на прощание столько сердечных рукопожатий. Мне дали в дорогу фруктов, вина, сладкой водки, хлеба и целую колбасу, и у меня появилось непривычное чувство предстоящей разлуки с друзьями, которым было небезразлично, уеду я или останусь. Госпожа Аннунциата Нардини расцеловала меня на прощание в обе щеки и прослезилась.

Раньше я полагал, что это, верно, особое наслаждение — быть любимым, не отвечая взаимностью. Теперь же я узнал, как мучительно неловко бывает перед лицом предлагаемой любви, которая не рождает ответного чувства. И все же я испытывал легкую гордость оттого, что меня любит и желает стать моей женой чужая женщина.

Уже одно лишь это маленькое проявление тщеславия означало для меня большой шаг к исцелению. Мне было жаль госпожу Нардини, однако я не хотел бы ничего изменить. К тому же я постепенно все больше понимал, что счастье едва ли зависит от исполнения внешних желаний и что страдания влюбленных юношей, как бы мучительны они ни были, лишены всякой трагики. Мысль о том, что Элизабет не досталась мне, конечно же, причиняла боль, но моей жизни, моей свободы, моей работы и моих мыслей у меня никто не отнимал и не ограничивал, а любить ее попрежнему я могу и на расстоянии, сколько мне заблагорассудится. Подобные рассуждения, а еще более наивная веселость моего умбрийского бытия, продлившегося несколько месяцев, пошли мне на пользу. У меня с давних пор был развит вкус ко всему смешному и забавному, однако ирония моя лишала меня удовольствия пользоваться этим даром, и вот теперь у меня постепенно открылись глаза на юмор, которым щедро сдобрена жизнь, и мне все сильнее верилось, что это возможно и даже легко — примирившись с судьбой, еще успеть отведать того или иного лакомства на пиру жизни.

Конечно, так всегда бывает, когда возвращаешься из Италии: засунув руки в карманы брюк, плюешь на принципы и предрассудки, снисходительно улыбаешься и сам себе кажешься этаким ловким малым, в совершенстве овладевшим искусством жизни. Окунувшись ненадолго в ласковое тепло простой народной жизни юга, начинаешь думать, что и дома все будет так же легко и приятно. И со мною было то же всякий раз, когда я возвращался из Италии, а в тот раз — особенно. Приехав в Базель, я нашел старую чопорную жизнь ничуть не изменившейся и ни на миг не помолодевшей и принужден был спуститься вниз с вершины своей веселости, ступенька за ступенькой, пристыженный и сердитый. Однако что-то из того, что я приобрел в Италии, успело пустить ростки, и с тех пор в каких бы водах ни совершал свое плавание кораблик моей жизни — мутных или прозрачных, — на мачте его всегда гордо и доверчиво реял хотя бы маленький цветной вымпел.

И в остальном взгляды мои тоже постепенно изменились. Без особого сожаления чувствовал я, как отдаляется от меня молодость и близится пора зрелости, когда обретаешь способность рассматривать жизнь как короткий переход, а себя самого как странника, чьи пути и чье исчезновение не прибавят в этом мире ни радости, ни печали. Ты стараешься не терять из вида свою жизненную цель, лелеешь свою заветную мечту, но уже не кажешься себе чем-то незаменимым в этой жизни и все чаще позволяешь себе передышку в пути, не мучаясь более угрызениями совести о несостоявшемся дневном марше, ложишься в траву, насвистываешь незатейливую песенку и радуешься прелести бытия без всяких задних мыслей. До сих пор я, собственно, не будучи ярым поклонником Заратустры, был все же неким образчиком человека-господина, не испытывающего недостатка ни в самопочитании, ни в презрении к простолюдинам. Теперь же я постепенно все отчетливее видел, что неизменных границ нет, что бытие слабых, угнетенных и бедных не только так же многообразно, но чаще еще и теплее, истиннее и примернее, чем бытие избранных и блистательных.

В Базель я вернулся как раз вовремя, чтобы стать гостем на первом званом вечере в доме Элизабет, вышедшей за это время замуж. Я, загорелый и свежий, в превосходном расположении духа, принес с собою множество маленьких веселых воспоминаний. Красавица хозяйка благоволила выделить меня среди остальных гостей чутким, доверительным вниманием, и я весь вечер радовался тому счастливому случаю, который уберег меня от позора запоздалого сватовства. Ибо, несмотря на произошедшие со мною в Италии перемены, я по-прежнему относился к женщинам с некоторым недоверием, будто опасаясь, что они испытывают злорадство при виде безнадежных мук влюбленных в них мужчин. Нагляднейшим примером такого унизительного и болезненно постыдного состояния служил мне рассказ об одной школьной традиции, услышанный мною из уст пятилетнего мальчика. В школе, которую он посещал, существовал такой странный и символический обычай. Всякий раз, как только какой-нибудь особенно провинившийся мальчуган должен был получить свои заслуженные розги, назначалось шесть девочек, коим надлежало держать сопротивляющегося проказника на скамье в постыдном положении, предусмотренном экзекуцией. А так как «держание» это считалось высшим наслаждением и большой честью, то право вкусить жестокого блаженства предоставлялось лишь самым прилежным и благонравным девочкам, временно являющим собою воплощение добродетели. Занятная детская история эта навела меня на размышления и закрадывалась порою даже в мои сны, так что я по меньшей мере в сновидениях испытал на себе всю боль и обиду такого положения.

7

Сочинительство свое я по-прежнему не принимал всерьез. Моя работа кормила меня, позволяла мне делать скромные сбережения и время от времени посылать немного денег отцу. Он с радостью нес их в трактир, распевал там на все лады дифирамбы сыну и даже пытался отблагодарить меня на деле. Однажды я сказал ему, что зарабатываю свой хлеб большей частью газетными статьями. И вот теперь он, считая меня редактором или корреспондентом, наподобие тех, что пишут для сельских окружных газет, направил мне три отцовских послания, написанных кем-то под его диктовку, в которых сообщал о событиях, важных на его взгляд и могущих послужить мне хорошим материалом и принести неплохой заработок. В первый раз это был пожар на гумне, во второй — гибель двух сорвавшихся со скалы туристов, а в третий — выборы сельского старосты. Сообщения эти уже облечены были в гротескно-газетный стиль и доставили мне истинное удовольствие, ибо это все же были знаки дружеской связи между мною и отцом и первые письма с родины за многие годы. Они развеселили меня еще и тем, что стали своего рода невольной сатирой на мою собственную писанину: ведь я месяц за месяцем писал рецензии на книги, которые по важности и степени влияния на окружающую жизнь не выдерживали никакого сравнения с этими сельскими новостями.

В то время как раз вышли две книги, авторов которых я знал еще в Цюрихе экстравагантными, лирически настроенными юнцами. Один из них теперь жил в Берлине и охотно изображал грязь, собранную им в кафешантанах и борделях столицы. Другой, уединившись от всех где-то в окрестностях Мюнхена и окружив себя изысканной роскошью, с печатью презрения и отчаяния на челе попеременно упивался дурманом неврастенического самосозерцания и спиритизма. Мне было поручено написать рецензии на эти книги, я не смог отказать себе в удовольствии беззлобно посмеяться над обоими авторами. Неврастеник ответил презрительным письмом, выдержанным поистине в царственном тоне. Берлинец же устроил скандал в одном из журналов, отстаивал чистоту своих помыслов, ссылался на Золя и осуждал в лице моей невежественной критики вообще всех швейцарцев за их чванливость и прозаизм духа. Похоже, время, проведенное им тогда в Цюрихе, было единственным более или менее здоровым и достойным периодом его литературной жизни. И я, никогда не страдавший избытком патриотических чувств, на сей раз не удержался при виде этого воинствующего берлинства и ответил возмущенному автору длинной эпистолой, в которой почти не скрывал своего презрения к самодовольному столичному модернизму.

Эта перебранка оказала на меня благотворное действие и побудила меня еще раз пересмотреть свои взгляды на современную культурную жизнь. Работа была тяжелой и долгой и не слишком баловала меня отрадными результатами. И если я умолчу о ней, книжечка моя совсем не проиграет от этого.

В то же время, однако, анализ этот заставил меня еще глубже задуматься о себе самом и давно замышляемом деле всей моей жизни.

Я, как уже известно читателю, мечтал в своей большой поэме раскрыть перед современным человеком все богатство и щедрость немой природы и внушить ему любовь к ней. Я хотел научить его внимать биению сердца земли, приобщить его к жизни великого целого, дабы он в плену у своей маленькой судьбы не забывал о том, что мы не боги и не создали сами себя, но суть лишь дети и отдельные части Земли и Космоса. Я хотел напомнить о том, что, подобно песням поэтов и ночным сновидениям, реки и моря, плывущие в лазури облака тоже суть символы и носители тоски, которая распростерла свои крылья меж небом и землей и цель которой — непоколебимая уверенность в гражданских правах и в бессмертии всего живого. Сокровеннейшая суть всякого творения знает эти свои права, знает о своем близком родстве с Богом и бесстрашно покоится в объятиях вечности. Все же дурное, болезненное, порочное, что мы носим в себе, упорствует и верит в смерть.

А я хотел и людей научить в братской любви к природе открывать источники радости и потоки жизни; я хотел проповедовать искусство созерцания, странствования и наслаждения, утверждать радость настоящего. Горы, моря и зеленые острова я хотел заставить говорить с вами на их прекрасном, могучем языке, а вам — силою раскрыть глаза на бесконечно многообразную, бурную жизнь, неустанно цветущую и благоухающую за порогом ваших домов и городов. Я хотел пробудить в вас стыд за то, что о далеких войнах, о моде, о сплетнях, о литературе и искусстве вы знаете больше, чем о весне, которая каждый день затевает свои буйные игры за воротами ваших городов, и о реке, бегущей под вашими мостами, и о лесах и роскошных лугах, по которым мчатся ваши поезда. Я хотел поведать вам о той блистательной цепи наслаждений, которые я нашел в этом мире, несмотря на свое одиночество и жизнеробость; я хотел, чтобы вы — те, кто, быть может, счастливее и радостнее меня, — испытали еще большие радости, открывая этот мир для себя.

Но сильнее всего мне хотелось вложить в ваши сердца прекрасную тайну любви. Я надеялся научить вас быть истинными братьями всему живому и так преисполниться любви, чтобы, навсегда позабыв страх перед страданием и даже перед смертью, вы могли спокойно и по-родственному встретить этих суровых посланцев судьбы, когда они придут к вам.

Все это я надеялся представить не в гимнах или возвышенных песнопениях, но скромно, искренне и предметно, серьезно и в то же время шутливо — как воротившийся домой путешественник, рассказывающий товарищам о чужих краях.

«Я хотел», «я мечтал», «я надеялся» — все это, конечно же, звучит смешно. Тот день, в который это мое хотение обратилось бы в план, приняло бы некие очертания, все еще был впереди. Но зато я уже успел накопить богатый материал. И не только в голове, а еще и в многочисленных записных книжечках, которые я всегда имел при себе во время своих поездок или пеших переходов и каждая из которых заполнялась всего лишь за две-три недели. Я делал сжатые и короткие заметки обо всем видимом и слышимом, без рефлексий и взаимосвязи. Это было нечто вроде блокнота рисовальщика; они заключали в себе сплошь реальные вещи: сцены, увиденные в переулках и на больших дорогах, силуэты гор и городов, подслушанные разговоры крестьян, молодых ремесленников или рыночных торговок, народные приметы, сведения об особенностях солнечного света, о ветрах, ливнях, камнях, растениях, животных, птицах, о строении волн, об игре красок на морской поверхности и о различных формах облаков. От случая к случаю я перерабатывал эти записи в коротенькие истории и публиковал их в виде путевых заметок-эскизов, но без всякой связи с миром людей. Для меня история дерева или животного или полет облака были достаточно интересны и без стаффажа в виде человеческих фигур.

Мне уже не раз приходило в голову, что обширная поэма, в которой вообще отсутствуют человеческие образы, — это сущий вздор, и все же я долгие годы цеплялся за этот идеал и лелеял неясную надежду, что, быть может, когда-нибудь, озаренный великим вдохновением, я сумею сделать невозможное возможным. И вот я окончательно убедился в том, что должен населить свои прекрасные ландшафты людьми и что чем естественней и достоверней они будут изображены, тем лучше. И тут мне предстояло весьма и весьма долго наверстывать упущенное, чем я и занимаюсь до сих пор. До этого я воспринимал людей как одно целое и в сущности нечто чуждое мне. Теперь же мне открылось, как выгодно — знать и изучать не какое-то абстрактное человечество, а отдельных, конкретных людей, и мои записные книжечки, равно как и моя память, стали заполняться совершенно новыми картинами.

Начало этих новых исследований было вполне отрадным. Я вырвался наружу из скорлупы своего наивного равнодушия и проникся интересом к различным людям. Я увидел, как много неоспоримых истин были для меня недоступны, но я увидел также и то, что странствия мои и постоянное упражнение в созерцании раскрыли мне глаза и обострили взгляд. И так как меня с ранних лет влекло к детям, я с особенною охотой и довольно часто возился с детворой.

И все же наблюдать за волнами или облаками было куда приятнее, нежели изучать людей. Я с удивлением заметил, что человек отличается от других явлений природы своею скользкой, студенистой оболочкой лжи, которая служит ему защитой. Вскоре я установил наличие этой оболочки у всех моих знакомых — результат того обстоятельства, что каждый испытывает потребность явить собою некую личность, некую четкую фигуру, хотя никто не знает своей истинной сути. Со странным чувством обнаружил я это и в себе самом и навсегда отказался от своих попыток добраться до самого ядра души того или иного человека. Для большинства людей оболочка была гораздо важнее того, что она скрывала. Я мог наблюдать ее даже у детей, которые совершенно непосредственному, инстинктивному самовыражению всегда осознанно или неосознанно предпочитают разыгрывание какой-либо роли.

Спустя некоторое время мне показалось, что я стою на месте и размениваюсь на забавные пустяки. Вначале я склонен был искать причину в своей собственной душе, однако вскоре мне пришлось признаться самому себе, что я разочарован, что в моем окружении нет тех людей, которых я искал. Мне нужна была вовсе не экзотика, а типы. Этого же мне не могли дать ни университетская братия, ни светское общество. С тоской вспоминал я об Италии, о бродячих подмастерьях, верных моих друзьях и спутниках на бесчисленных дорогах, которые я исходил. С ними довелось мне немало постранствовать, среди них попадалось немало прекрасных парней.

Бесполезно было возвращаться в мирную гавань родины или искать успокоения в диких бухтах знакомых ночлежек. Вереницы непоседливых бродяг тоже ничем не могли мне помочь. И вот я вновь беспомощно озирался по сторонам; время шло; я старался держаться ближе к детям и в то же время вновь рьяно принялся брать уроки в трактирах, где, конечно же, тоже нечем было поживиться. Затем последовали несколько горьких недель, когда я перестал верить самому себе, считал свои надежды и желания до смешного вычурными, бесцельно слонялся по окрестностям и до рассвета засиживался за вином, погруженный в мрачные думы.

На моих столах между тем вновь выросло несколько стопок книг, с которыми мне жаль было расставаться и которые я, однако, должен был бы отнести букинисту, так как в шкафах моих совсем не осталось места.

Чтобы выйти из положения, я отправился в одну маленькую столярную мастерскую и попросил мастера прийти ко мне в квартиру и сделать необходимые замеры для книжной этажерки.

Он пришел, этот маленький, степенный человечек с неторопливыми, осторожными движениями, измерил комнату, ерзая на коленях и распространяя резкий запах клея, то складывая дюймовую линейку, то растягивая ее от пола к потолку и бережно записывая размеры в свой блокнот огромными цифрами. Увлеченный работой, он случайно толкнул заваленное книгами кресло. Несколько томов упали на пол, и он наклонился, чтобы поднять их. Среди них оказался и маленький лексикон языка подмастерьев. Эту толково составленную и занятную книжечку в картонном переплете можно увидеть на любом немецком постоялом дворе для бродячих подмастерьев.

Заметив хорошо знакомую книжицу, столяр изумленно вскинул глаза и посмотрел на меня с веселым любопытством и в то же время с недоверием.

— Что случилось? — спросил я.

— С вашего позволения, сударь, я тут увидел книжку, которую и я знаю. Вы и в самом деле изучали это?

— Я изучал жаргон на большой дороге, — отвечал я, — но иногда полезно заглянуть и в эту книжонку.

— Это верно! — воскликнул он. — А не были ли вы часом и сами бродячим ремесленником?

— Пожалуй, что нет. Но постранствовал я немало и переночевал не в одной ночлежке.

Он тем временем вновь сложил книги на кресле и собрался уходить.

— А где вы в свое время бродяжили? — поинтересовался я.

— Я прошел отсюда до Кобленца, а позже добирался и до Женевы. Неплохое было времечко!

— А в кутузку вам попадать не доводилось?

— Всего один раз, в Дурлахе.

— Вы мне еще расскажете об этом, если, конечно, захотите. Не посидеть ли нам как-нибудь за стаканчиком вина?

— Не хотелось бы, сударь. Вот если бы вы как-нибудь заглянули ко мне под вечер, мол, как делишки? как детишки? — это другое дело. Если вы, конечно, не затеваете какую-нибудь недобрую шутку.

Несколько дней спустя — у Элизабет как раз была вечеринка — я вдруг остановился на полпути к ее дому и задумался, не лучше ли наведаться к моему ремесленнику. В конце концов я вернулся, оставил дома сюртук и отправился к столяру. В мастерской было темно; я, спотыкаясь, прошел через мрачную переднюю в узенький дворик и долго карабкался вверх-вниз по лестнице заднего дома, пока наконец не обнаружил на одной из дверей написанную от руки табличку с именем мастера. Отворив дверь, я оказался прямо в крохотной кухоньке и увидел тощую хозяйку, занятую приготовлением ужина и одновременно приглядывающую за тремя детьми, которые весело резвились и галдели тут же у ее ног. Женщина, не скрывая своего недовольства, провела меня в следующую комнату, где у сумеречного окошка сидел столяр с газетой в руках. Он сердито пробурчал что-то, видимо приняв меня в потемках за какого-нибудь назойливого заказчика, но затем узнал меня и протянул мне руку.

Чтобы дать ему возможность оправиться от удивления и смущения, я заговорил с детьми. Они же ретировались обратно в кухню, и я отправился вслед за ними. При виде риса, который хозяйка готовила на ужин, во мне ожили воспоминания о кухне моей умбрийской хозяйки, и я поспешил принять участие в стряпне. Риса у нас совсем не умеют варить и обычно безжалостно превращают его в некое подобие клейстера, не имеющее вообще никакого вкуса и отвратительно вязнущее в зубах. И здесь, конечно же, чуть было не приключилась та же беда: я подоспел как раз вовремя и в последний момент спас блюдо, вооружившись кастрюлей и шумовкой и решительно взявшись за дело. Хозяйка удивилась, однако не стала противиться; рис получился вполне сносным, мы подали его на стол, зажгли лампу, и я разделил с хозяевами их скромную трапезу.

Жена мастера в этот вечер втянула меня в такую обстоятельную беседу о вопросах кулинарии, что мужу лишь изредка удавалось вставить одно-два слова, поэтому нам пришлось отложить его рассказ о странствиях и приключениях до следующего раза. Впрочем, эти славные люди вскоре почувствовали, что я лишь внешне господин, на самом же деле — крестьянский парень, выходец из простого народа, и мы уже в первый вечер подружились и сблизились. Ибо так же как они распознали во мне ровню — так и я почуял у этого скудного очага родной воздух мира простолюдинов. У этих людей не было времени на тонкости, на позы и комедии; их суровая, бедная жизнь была им мила и без плаща учености и возвышенных интересов и слишком дорога, чтобы тратить время на украшение ее красивыми речами.

Я стал приходить к ним все чаще и забывал у столяра не только жалкий балаган светской жизни, но и свои беды и неотвязную тоску. Мне казалось, будто я нашел здесь сбереженный для меня кем-то кусочек детства и могу наконец продолжить ту жизнь, которую когда-то прервали монастырские отцы, послав меня учиться наукам.

Склонившись над растрескавшейся и засаленной старой картой, мы с мастером показывали друг другу и обсуждали маршруты своих странствий и радовались каждой городской башенке и каждому переулку, которые были знакомы нам обоим; мы вспоминали старые ремесленные анекдоты, а один раз даже спели несколько нестареющих песен бродяг. Мы говорили о заботах ремесла, домашнего быта, о детях, о городских новостях, и постепенно, совершенно незаметно случилось так, что мы с мастером обменялись ролями, и я превратился в благодарного ученика, а он в щедрого учителя. Я с облегчением почувствовал, что вместо салонной болтовни меня окружает действительность.

Среди детей ремесленника особенно выделялась своею нежностью пятилетняя девочка. Ее имя было Агнес, хотя все звали ее просто Аги.

Этот белокурый, бледный ребенок с болезненно-хрупкими членами и большими застенчивыми глазами отмечен был печатью какой-то необычной тихой робости. Однажды в воскресенье я явился к столяру, чтобы отправиться вместе со всем его семейством на прогулку. Аги была больна, и мать осталась с ней дома; мы же медленно побрели за город. Миновав Санкт-Маргретен*, мы уселись на скамейке; дети занялись камешками, цветами и жуками, а мы, взрослые, обозревали летние луга, биннингенское кладбище** и красивую синеватую гряду Юры. Столяр выглядел усталым и подавленным, почти не размыкал уст и явно был чем-то сильно озабочен.

— О чем печалитесь, мастер? — спросил я, когда дети отошли подальше.

---

* Церковь в Базеле, по имени которой назван прилегающий район города.

** Биннинген — пригород Базеля.

Он с грустной растерянностью взглянул на меня.

— Неужто вы не замечаете? Аги наша — того и гляди помрет. Я уж давно это понял и все удивляюсь, как это она все еще с нами: смерть-то у нее давным-давно в глазах написана. А теперь вот, видно, пришел ее черед.

Я стал утешать его, но скоро беспомощно умолк.

— Вот видите! — грустно рассмеялся он. — Вы и сами не верите, что она выживет. Я не святоша, знаете ли, и в церковь хожу раз в сто лет, но я чувствую, что Господь решил напомнить мне о себе. Она, конечно, еще младенец, да и здоровьем никогда не отличалась, но, ей-Богу, она мне дороже всех других, вместе взятых.

В этот момент шумно, с улюлюканьем, налетели дети, бросились ко мне, засыпали меня вопросами — а что это за трава? а как называется этот цветок? а этот? — и в конце концов уговорили меня рассказать что-нибудь. Я принялся рассказывать им о цветах, о деревьях и кустарниках, о том, что у них, так же как и у детей, у каждого есть своя душа, свой ангел на небе. Отец их тоже слушал, улыбался и время от времени поддерживал меня короткими замечаниями. Мы еще полюбовались немного на сгущающуюся синеву гор, послушали вечерний благовест и тронулись в обратный путь. Над лугами мрела красноватая вечерняя дымка; далекие башни кафедрального собора казались маленькими и тонкими на фоне теплой лазури, постепенно переходящей в зеленовато-золотистый перламутр; тени деревьев становились все длиннее. Малыши утомились и притихли. Они думали об ангелах гвоздик, колокольчиков и маков, в то время как мы, старики, думали о маленькой Аги, душа которой уже готова была приять крылья и покинуть нашу маленькую, пугливую стаю.

Следующие две недели прошли благополучно. Девочка, казалось, уже была близка к выздоровлению: она уже могла надолго покидать постель и выглядела среди своих прохладных подушек краше и веселей, чем когда-либо до этого. Потом было несколько тревожных, горячечных ночей, и мы поняли, больше уже не говоря об этом друг с другом, что ребенку совсем недолго осталось быть нашим гостем — две-три недели, а может, всего два-три дня. Лишь один-единственный раз еще обмолвился отец о близкой смерти дочери. Это было в мастерской. Заметив, как он перебирает свои запасы досок, я сразу догадался, что он подыскивает подходящие заготовки для детского гробика.

— Все равно ведь скоро придется... — пояснил он. — Так уж лучше я сделаю это спокойно, после работы, чтобы никто не стоял над душой.

Я сидел на одном верстаке, а он работал рядом, на другом. Чисто обстругав доски, он показал их мне с оттенком гордости. Это была ель, красивое, здоровое, безукоризненное дерево.

— И гвоздей я в него не буду забивать: плотно пригоню доски шипами и пазами, чтобы был гроб как гроб, настоящий, добротный. Но на сегодня хватит, пойдем-ка наверх, жена, уж верно, заждалась.

Шли дни, жаркие, удивительные летние дни; я каждый день проводил час или два у постели маленькой Аги, рассказывал ей о прекрасных лесах и лугах, держал в своей широкой ладони узенькую, невесомую детскую ручку и жадно пил всей душой эту милую, лучистую прелесть, которая, словно облачко, окружала девочку до самого последнего часа.

А потом мы испуганно и печально стояли подле нее и смотрели, как маленькое, худенькое тельце в последний раз напрягло все свои силы для борьбы с неумолимой смертью, которая быстро и легко сломила это сопротивление. Мать снесла свое горе безмолвно и стойко; отец же долго не мог распрощаться со своей мертвой любимицей, без конца гладил ее светлые волосы и ласкал неподвижное личико.

После короткой, скромной церемонии погребения начались тягостные вечера, когда дети плакали в своих кроватях; начались отрадные посещения кладбища, где мы посадили цветы на еще свежей могилке и подолгу молча сидели на скамье в тени деревьев, думая о маленькой Аги и по-новому, другими глазами глядя на землю, в которой лежала наша любимица, и на деревья и траву, которые росли на этой земле, и на птиц, непринужденная, веселая возня которых еще сильнее подчеркивала тишину кладбища.

Между тем полные труда и хлопот строгие будни брали свое; дети вновь смеялись, дурачились и пели и просили историй, и все мы незаметно привыкли к тому, что никогда уже не увидим нашу Аги, а на небе одним маленьким прекрасным ангелом стало больше.

За всем этим я совершенно забыл дорогу к профессору и лишь несколько раз побывал в доме Элизабет, где я каждый раз, окунаясь в тепловатый поток несмолкаемых разговоров, испытывал странное чувство растерянности и щемящей тоски. Теперь же я решил навестить оба дома, однако и там и здесь я наткнулся на запертые двери, ибо все давно уже были в деревне. Только сейчас я с удивлением заметил, что за дружбой с семьей столяра и болезнью ребенка я совсем позабыл про знойное лето и про каникулы. Прежде это было бы для меня совершенно невозможно — провести июль и август в городе.

Я ненадолго распростился со всеми и отправился пешком через Шварцвальд, затем по горной дороге и дальше через Оденвальд. В пути я с особенным, доселе незнакомым мне удовольствием посылал детям базельского ремесленника открытки из разных красивых мест и всюду представлял себе, как потом буду рассказывать им и их отцу о своем путешествии.

Во Франкфурте я решил продлить свои странствия еще на пару дней. Я с новой радостью любовался произведениями древнего искусства в Ашаффенбурге, Нюрнберге, Мюнхене и Ульме и в конце концов остановился без всяких задних мыслей на денек-другой в Цюрихе. До сих пор, все последние годы, я избегал этого города и боялся его, как могилы, и вот теперь вдруг вновь бродил по знакомым улицам, заглядывал в старые погребки и открытые летние рестораны и мог наконец без боли вспоминать далекие прекрасные годы юности. Художница Альетти вышла замуж; мне назвали ее новый адрес. Я отправился туда под вечер, прочел на двери дома имя ее мужа, поднял глаза на окна и заколебался: во мне вдруг вновь ожили картины прошлого, и юношеская любовь моя болезненно шевельнулась в груди, словно вдруг пробудившись ото сна. Я повернулся и ушел прочь, не замутив драгоценный образ прекрасной чужеземки никчемным свиданием. Я медленно побрел в сад на берегу озера, где художники устроили праздник в тот памятный летний вечер, постоял перед домиком, под крышей которого в высокой мансарде я прожил три коротких, но славных года, и сквозь все эти воспоминания уста мои вдруг сами собой произнесли имя Элизабет. Новая любовь оказалась все же сильнее своих старших сестер. Она была тише, застенчивей и благодарней.

Чтобы подольше сохранить это дивное настроение, я взял лодку и медленно-медленно поплыл в теплую, полную света озерную ширь. Близился вечер; над городом неподвижно застыло чудное, белоснежное облако, одно-единственное на всем небосклоне. Я не сводил с него глаз, дружески кивал ему время от времени и вспоминал о своей детской любви к облакам, об Элизабет и о том изображенном на холсте облаке Сегантини, перед которым однажды увидел Элизабет такою прекрасной и восторженно-отрешенной. Никогда еще ни словом, ни похотью не замутненная любовь моя к ней не действовала на меня так благотворно и очищающе, как в этот миг, перед лицом одинокого облака, когда я, умиротворенный и благодарный, перебирал в памяти все светлые грани своей жизни и вместо прежних страстей и внутренней сумятицы чувствовал лишь старую тоску детских лет, да и та стала более зрелой и спокойной.

У меня издавна была привычка что-нибудь вполголоса напевать или бормотать в такт веслам. Я и в этот раз тихонько запел и лишь спустя некоторое время заметил, что это стихи. Вернувшись домой, я без труда вспомнил и записал их, на память об этом прекрасном вечере на озере в Цюрихе.

Как облако в лучах рассвета,
В гирляндах ярко-алых роз
Прекрасна ты, Елизавета,
В венке моих несмелых грез.

Так далека и одинока,
Свободна, как лесной ручей,
И затеняет поволока
Лазурь сияющих очей*.

---

* *Перевод В. Вольберга*; печатается по изданию: Москва, 1910.

В Базеле меня уже дожидалось письмо из Ассизи. Оно было прислано госпожой Аннунциатой Нардини и заключало в себе множество приятных новостей. Госпожа Нардини все же нашла себе мужа! Впрочем, будет лучше, если я приведу ее письмо полностью.

«Глубокоуважаемый и горячо любимый господин Петер!

Простите меня, Вашего верного друга, за то, что я осмелилась написать Вам письмо. Богу было угодно послать мне большое счастье, и теперь я рада пригласить Вас на мою свадьбу двенадцатого октября. Его зовут Менотти, и хотя у него и мало денег, но зато он меня очень любит и ему уже приходилось торговать фруктами. Он очень приятный на вид, но не такой высокий и красивый, как Вы, господин Петер. Он будет торговать на площади, а я — хозяйничать в лавке. Хорошенькая Мариетта, соседская дочка, тоже выходит замуж, правда, всего лишь за простого каменщика из других краев.

Я каждый день думаю о Вас и всем о Вас рассказываю. Я Вас очень люблю, и святого Франциска тоже, и поставила ему четыре свечи, на память о Вас. Менотти тоже будет очень рад, если вы приедете на свадьбу. Если он вздумает грубить Вам, я ему не позволю. Жалко вот, что Маттео Спинелли и в самом деле оказался злодеем, как я всегда и говорила. Он часто воровал у меня лимоны. А сейчас его забрали, потому что он украл у своего отца, у булочника, двенадцать лир, а еще за то, что он отравил собаку нищего бродяги Джанджакомо.

Да благословит Вас Господь и святой Франциск. Я очень по Вас скучаю.

Ваш преданный и верный друг
Аннунциата Нардини.

P. S. Урожай в этом году был неважный. Виноград уродился плохо, да и груш оказалось мало, зато лимонов было хоть отбавляй, жаль только, что пришлось их продавать за бесценок. В Спелло случилось ужасное несчастье. Один молодой человек насмерть убил своего брата граблями. Никто не знает за что, но наверняка от ревности, хотя тот и был его родной брат».

К сожалению, я не мог последовать этому соблазнительному приглашению. Я написал поздравительное письмо, в котором пожелал госпоже Нардини счастья и сообщил, что постараюсь навестить их весною следующего года. Потом я с письмом и привезенным из Нюрнберга подарком для детей отправился к своему ремесленнику.

Там я обнаружил неожиданную перемену. В стороне от стола, напротив окна, на стуле с перекладиной, как у детского креслица, топорщилась кривая, гротескная человеческая фигура. Это был Боппи, брат жены столяра, бедный, наполовину парализованный горбун, для которого нигде больше не нашлось местечка после недавней смерти его старушки матери. С тяжелым сердцем мастер временно приютил его у себя, и теперь постоянное присутствие в доме больного калеки давило, словно гробовая плита. К нему еще не успели привыкнуть; детям он внушал страх, мать изнывала от жалости, смущения и неловкости, отец был явно расстроен.

Шеи у Боппи не было; прямо на отвратительном двойном горбу сидела большая голова с крупными, резкими чертами лица: широкий лоб, крепкий нос, красивый, страдальческий рот и ясные, но отрешенные и пугливые глаза; до странности маленькие и красивые белые руки его почти все время неподвижно лежали на узенькой перекладине. Я тоже смутился и пригорюнился при виде этого нежданного гостя, и в то же время мне было мучительно неловко, когда мастер рассказывал мне незатейливую историю бедного калеки в его присутствии и тот все это время сидел рядом, молча глядя на свои руки. Калекой он был от рождения, однако все же смог закончить начальную школу и несколько лет плел всевозможные изделия из соломы, чтобы хоть немного быть полезным своим близким, пока его не разбил паралич после нескольких приступов подагры. И вот он уже много лет либо лежал в постели, либо сидел на своем странном стуле, подпираемый со всех сторон подушками. Жена мастера сообщила, что раньше брат часто и очень красиво пел, но она уже давно не слышала его пения, и здесь, у них дома, он тоже еще ни разу не пел. И пока все это рассказывалось и обсуждалось, он молча сидел и смотрел на свои руки. Мне наконец стало не по себе, и я распрощался, ушел и некоторое время не показывался в доме ремесленника.

Всю свою жизнь я был здоров и силен, не перенес ни одной сколько-нибудь серьезной болезни и смотрел на немощных, особенно на калек, с жалостью и некоторой долей презрения, и, конечно же, мне трудно было смириться с тем, что моя светлая, теплая дружба с семьей ремесленника омрачена тягостным бременем этой убогой, искалеченной жизни. Поэтому я откладывал свой следующий визит со дня на день и тщетно старался придумать, как бы избавиться от паралитика Боппи. Должна же быть какая-нибудь возможность поместить его с малыми затратами в больницу или приют, думал я. Несколько раз я порывался отправиться к мастеру, чтобы обсудить с ним этот план, но никак не мог решиться первым заговорить об этом, к тому же я боялся встречи с больным, как ребенок. Мне было противно здороваться с ним за руку и постоянно видеть его.

Так миновало одно воскресенье. В следующее воскресенье я уже готов был ранним поездом отправиться куда-нибудь в сторону Юры, но вдруг устыдился своей трусости и остался в городе, а после обеда пошел к ремесленнику.

Я с отвращением подал Боппи руку. Мастер был в дурном расположении духа и предложил совершить прогулку, заявив, что ему опостылела эта жалкая жизнь, и я обрадовался этому, ибо таким он был более доступен для моих предложений. Жена его хотела остаться, однако Боппи стал уверять ее, что в этом нет нужды, что он прекрасно может посидеть и один; кроме книги да, пожалуй, стакана воды под рукой, ему ничего не нужно, и мы можем спокойно запереть его на ключ и без всяких забот отправиться на прогулку.

И мы, считавшие себя славными, добросердечными людьми, — мы заперли его на ключ и ушли гулять! И мы веселились, забавлялись с детьми, радовались ласковому, золотому осеннему солнцу, и никому не было совестно, ни у кого не сжалось сердце при мысли о том, что мы оставили калеку одного в доме! Мы даже рады были, что освободились от него хоть ненадолго, и, предавшись чувству облегчения, жадно вдыхали прозрачный, теплый воздух и являли собой отрадное зрелище милого и благочестивого семейства, которое с пониманием и благодарностью принимает Господень день.

Лишь когда мы в Гренцахе*, проходя мимо кабачка Хёрнли, решили выпить по стаканчику вина и расселись за столиком в саду, мастер наконец заговорил о Боппи. Он сетовал на эту лишнюю обузу, жаловался на тесноту и увеличив-

---

* Городской квартал Базеля.

шиеся расходы и в конце концов, рассмеявшись, сказал:

— Слава Богу, хоть здесь можно часок отдохнуть от него и повеселиться!

При этих необдуманных словах его я вдруг живо представил себе глаза бедного калеки, исполненные боли и мольбы; я увидел его, которого мы не любили, от которого рады были избавиться и который сидел сейчас взаперти, в маленькой, сумрачной комнатке, покинутый нами, одинокий и печальный. Мне пришло в голову, что скоро начнет смеркаться, а он не в состоянии зажечь свет или подвинуться ближе к окну. Стало быть, ему придется отложить в сторону книгу и сидеть в полутьме, не имея ни собеседника, ни какого-либо занятия, в то время как мы пьем вино, смеемся и весело болтаем. А еще мне пришло в голову, что не так уж давно я рассказывал своим ассизским соседям о святом Франциске и хвастал, будто бы он научил меня любить всех людей. Для чего же я усердно изучал жизнь этого святого, для чего затвердил наизусть его восхитительную песнь любви и искал его следы на умбрийских холмах, если рядом страдает несчастный и беспомощный человек, которого я знаю и мог бы утешить?

Чья-то незримая, но могучая десница опустилась мне на сердце, сдавила его и наполнила его таким стыдом и такою болью, что я задрожал и весь отдался во власть этой силы. Я понял: это Бог пожелал напомнить мне о себе.

— О поэт! — молвил он. — О ученик славного умбрийца, о пророк, вознамерившийся осчастливить людей, научив их любви! О мечтатель, возжелавший слышать мой голос в шуме ветра и волнующихся вод! Ты полюбил некий дом, в котором тебя встречают как желанного гостя и где ты провел немало приятных минут! И вот теперь, когда я удостоил сей дом своего присутствия, ты бежишь прочь и помышляешь о том, как изгнать меня из дома сего! Ты, святой! Ты, пророк! Ты, поэт!

Я почувствовал себя так, будто меня поставили перед чистым, неподкупным зеркалом, и я увидел себя в нем лжецом, болтуном, трусом и клятвопреступником. Это было больно, это было мучительно и ужасно, но то, что в это мгновение разрушалось во мне, содрогалось и корчилось от боли, было достойно разрушения и гибели.

Я торопливо и решительно попрощался со всеми и поспешил обратно в город, оставив на столе свое недопитое вино и недоеденный бутерброд. Всю дорогу меня терзал почти невыносимый страх, что за это время могло приключиться какое-нибудь несчастье: вспыхнул пожар или, может быть, беспомощный Боппи просто упал со стула и теперь лежит на полу и стонет от боли, а может быть, уже и вовсе мертв. Я видел его неподвижное тело; мне казалось, будто я стою рядом и читаю в глазах калеки безмолвный упрек.

Совсем запыхавшись, я миновал границу города, добрался до дома и бросился со всех ног вверх по лестнице, и только потом мне пришло в голову, что дверь заперта, а ключ у хозяев. Но страх мой тотчас же прошел, ибо, не успев еще достичь двери, я услышал изнутри пение. Это было странное ощущение. С бьющимся сердцем, едва не задыхаясь после стремительной ходьбы, я стоял на темной лестничной площадке, слушал пение запертого на замок калеки и медленно приходил в себя. Тихим голосом, мягко и немного жалобно пел он народную песню «Цветик алый, цветик белый». Я знал, что он давно уже не пел, и был тронут этой маленькой тайной, став свидетелем одной из его тихих, незатейливых радостей.

Так уж устроен наш мир: серьезные события и глубокие душевные переживания часто соседствуют с комическим. Так и я тотчас же заметил смехотворную нелепость и постыдность своего положения. В приступе внезапного страха я битый час несся по полям, не разбирая пути, чтобы наткнуться на запертую дверь. Мне следовало либо убраться восвояси, либо прокричать Боппи о своих добрых намерениях через две закрытые двери. Я со своим желанием как-нибудь утешить беднягу, высказать ему свое участие и хоть немного скрасить его одиночество стоял на лестнице, а он, ни о чем не подозревая, сидел внутри, пел одну песню за другой и несомненно только испугался бы, если бы я дал о себе знать криком или стуком.

Мне не оставалось ничего другого, как уйти. Побродив около часа по улочкам, на которых царило воскресное оживление, я дождался, когда семья мастера возвратилась домой. В этот раз мне не стоило никаких усилий подать руку Боппи. Я подсел к нему, завязал с ним разговор и спросил, что он читал. Потом я сделал то, что само собою напрашивалось, — предложил принести ему книг, и он с благодарностью принял мое предложение. Когда я порекомендовал ему Иеремию Готтхельфа, выяснилось, что он прочел почти все его сочинения. Зато Готфрид Келлер был ему неизвестен, и я пообещал дать ему его почитать.

На следующий день, когда я принес книги, мне представилась возможность побыть с ним наедине, так как жена мастера ушла куда-то по своим делам, а муж ее был в мастерской. И тут я поведал ему о том, как мне стыдно за то, что мы вчера оставили его одного, и сказал, что был бы рад стать его постоянным собеседником и другом.

Бедный карлик немного повернул свою большую голову в мою сторону, взглянул на меня и сказал:

— Большое спасибо.

И больше ничего. Но этот поворот головы стоил ему усилия и был ценнее десяти объятий здорового человека, а взгляд так светел и по-детски прекрасен, что мне от стыда за себя бросилась кровь в лицо.

Теперь оставалось самое трудное — разговор с мастером. Я решил, что лучше всего, пожалуй, будет откровенно рассказать ему о моем вчерашнем страхе и стыде. К сожалению, он меня не понял, хотя и выслушал все со вниманием. Он не стал возражать против того, чтобы больной остался в его доме и был отныне нашим общим подопечным, чтобы мы поделили между собой те незначительные расходы, которые необходимы были для его содержания, а я мог считать Боппи как бы своим братом и посещать его, когда пожелаю.

Осень была в этом году на редкость ласковой и красивой. Поэтому первое, что я сделал для Боппи, — это раздобыл специальное кресло на колесах и каждый день, обычно в сопровождении детей, возил его на прогулку.

8

Судьба моя распорядилась так, что я всегда получал от жизни и от своих друзей много больше, чем мог дать сам. Так было у меня и с Рихардом, и с Элизабет, и с госпожой Нардини, и с ремесленником; и вот уже в зрелые годы, при всем моем самоуважении, мне довелось стать восторженным и благодарным учеником несчастного горбуна. Если мне и в самом деле суждено когда-нибудь завершить свою давно начатую поэму и отдать ее людям, то в ней не много наберется добра, которому я научился не у Боппи. Для меня наступила славная, счастливая пора, которая теперь до конца дней моих будет питать мою душу. Бог сподобил меня глубоко заглянуть в удивительную, необычайной красоты человеческую душу, над которой болезнь, одиночество, бедность и людская жестокость пронеслись, словно легкие, быстрокрылые облака.

Все те мелкие пороки, которыми мы портим и отравляем нашу прекрасную, короткую жизнь, — гнев, нетерпение, подозрительность, ложь, — весь этот зловонный гной, разъедающий и искажающий наш облик, был в этом человеке выпарен, как соль, на медленном огне продолжительного и глубокого страдания. Он не был ни ангелом, ни мудрецом, он был человеком, исполненным понимания и смирения, человеком, которого великие страдания и лишения научили без стыда принимать свою слабость и предавать себя во власть Всевышнего.

Однажды я спросил его, как это ему удается так безропотно нести бремя своего больного, бессильного тела.

— Это очень просто! — добродушно рассмеялся он. — Между мной и моей болезнью идет постоянная война. То я выиграю сражение, то она меня снова одолеет — так и барахтаемся все время, а иногда и притихнем оба, заключим перемирие, затаимся и не спускаем друг с друга глаз, пока один из нас опять не бросится на противника, и все начинается сначала.

Я всегда считал, что у меня верный глаз и дар наблюдателя. Однако и здесь Боппи стал для меня учителем. Так как он очень любил природу, в особенности животных, я часто возил его в зоологический сад. Мы провели там немало восхитительнейших минут. Боппи вскоре знал уже каждого отдельного зверька, а поскольку мы всегда брали с собою хлеб и сахар, то и многие животные вскоре запомнили нас и мы приобрели множество новых друзей. Особое предпочтение мы оказывали тапиру, единственной добродетелью которого была отнюдь не свойственная этому виду чистоплотность. В остальном же мы находили его чванливым, не очень умным, грубоватым, неблагодарным и чересчур прожорливым. Другие животные, например, слон или косули и даже косматый невежа бизон, всегда высказывали своеобразные знаки благодарности за угощение: доверчиво смотрели на нас или позволяли себя погладить. От тапира же мы так и не дождались ничего подобного. Как только мы появлялись в поле его зрения, он тотчас же устремлялся к решетке, медленно и обстоятельно пожирал все, что получал от нас, и, убедившись, что больше ему ничего не перепадет, убирался восвояси без всяких церемоний и расшаркиваний. Мы сочли это признаком гордости и твердого характера, и, так как он не выклянчивал предназначенную ему порцию, не благодарил за нее, а снисходительно принимал ее как законную дань, мы прозвали его сборщиком податей. Иногда из-за того что Боппи не мог сам кормить зверей, между нами возникал спор, довольно ли с тапира сахару или ему следует дать еще один кусочек. Мы обсуждали это и взвешивали все за и против, словно речь шла о деле государственной важности. Как-то раз, когда мы уже отправились было дальше, Боппи заявил, что все же надо было дать тапиру еще один кусочек. Мы вернулись обратно, однако уже улегшийся на свое соломенное ложе тапир лишь высокомерно покосился на нас и не подошел к решетке.

— Простите нас великодушно, господин сборщик податей! — крикнул ему Боппи. — Просто мне показалось, что мы недодали вам один кусочек сахара!

И мы двинулись дальше, к слону, который уже нетерпеливо топтался за оградой, протягивая к нам свой подвижный теплый хобот. Его Боппи мог кормить сам; с детским восторгом смотрел он, как серый великан грациозно вытягивает хобот и берет хлеб с его ладони, с добродушной хитростью поглядывая на нас своими веселыми крохотными глазками.

Я договорился с одним смотрителем о том, чтобы иногда, когда у меня не будет свободного времени, оставлять Боппи в саду одного, так что он и в эти дни мог посидеть на солнышке и понаблюдать за животными. После он рассказывал мне обо всем, что увидел. Особенно импонировала ему деликатность льва в отношении своей супруги. Стоило ей прилечь отдохнуть, как он тотчас же менял маршрут своего нескончаемого моциона взад-вперед таким образом, чтобы не задеть ее, не перешагивать через нее и не потревожить ее как-нибудь иначе. Интереснее же всех была выдра. Боппи мог часами наблюдать за этим маленьким гибким зверьком, от души забавляясь его искусством пловца и акробата, в то время как сам он прикован был к своему креслу и каждое движение головы или рук требовало от него определенных усилий.

Именно в один из тех чудесных осенних дней я рассказал Боппи обе свои любовные истории. Мы так сблизились с ним, что я уже не мог долее скрывать от него эти две страницы своей жизни, которые нельзя назвать ни славными, ни радостными. Он молча выслушал меня с приветливым и в то же время серьезным выражением лица. Позже он признался мне, что был бы очень рад хоть краем глаза увидеть Элизабет, Белое Облако, и попросил меня вспомнить об этом, если нам как-нибудь случится встретить ее на улице.

Так как случая такого не представлялось, а дни становились все прохладнее, я отправился к Элизабет и попросил ее доставить эту радость бедному горбуну. Она великодушно согласилась исполнить мою просьбу, и в назначенный день я зашел за ней, чтобы проводить ее в зоологический сад, где нас уже ждал Боппи. Когда элегантная, красивая, нарядно одетая дама слегка наклонилась и подала калеке руку и когда Боппи, лицо которого просияло от радости, поднял свои большие добрые глаза и благодарно, почти нежно взглянул на нее, я вряд ли смог бы сказать, кто из них двоих был прекраснее и ближе моему сердцу. Дама произнесла несколько приветливых слов; калека не сводил с нее сияющих глаз, а я стоял рядом, и мне странно было видеть это мимолетное рукопожатие двух любимейших моих людей, которых жизнь разделила непроходимой пропастью. Боппи после этого до самого вечера не мог говорить ни о чем, кроме Элизабет; он восторгался ее красотой, ее изяществом, ее добротой, ее платьем, желтыми перчатками и зелеными туфлями, ее взглядом и походкой, ее голосом и шляпой; я же все это время не мог отделаться от болезненного и странного чувства, что я стал свидетелем того, как моя возлюбленная подала милостыню моему лучшему другу.

Между тем Боппи уже прочел «Зеленого Генриха»* и «Зельдвильцев»** и так освоился в мире этих удивительных книг, что бука Панкрац, Альбертус Цвихан и три праведных гребенщика стали нашими общими добрыми друзьями. Одно время я колебался, не дать ли ему что-нибудь из книг Конрада Фердинанда Мейера, однако меня удерживали опасения, что он не сможет оценить почти латинскую выразительность его сжатого языка; к тому же я не решался раскрыть перед его просветленно тихим взором бездну веков. Вместо этого я рассказал ему о святом Франциске и дал почитать рассказы Мёрике. Потом меня очень смутило его признание, что история прекрасной

---

* Роман Готтфрида Келлера.

** «Люди из Зельдвилы» — сборник новелл Готтфрида Келлера.

Лау* не доставила бы ему такого наслаждения, если бы он не провел столько времени перед бассейном выдры, предаваясь бесконечным, сказочно-причудливым водным фантазиям.

Занятен был наш постепенный переход на «ты». Я его не предлагал Боппи: он бы все равно мое предложение не принял; но незаметно, само собой получилось, что мы все чаще говорили друг другу «ты», и когда в один прекрасный день мы заметили, что опять перешли на «ты», то рассмеялись и решили это так и оставить.

Когда надвигающаяся зима сделала наши прогулки невозможными и я вновь целыми вечерами просиживал в комнате у шурина Боппи, я заметил с опозданием, что новая дружба моя — отнюдь не бескорыстный дар судьбы, что она все же будет стоить мне определенных жертв. Мастер стал ворчлив, неприветлив и необщителен. Теперь его раздражало не только обременительное присутствие лишнего и бесполезного едока, но и мое отношение к Боппи. И порой бывало так, что я весь вечер в свое удовольствие болтал с больным горбуном, в то время как хозяин рядом угрюмо шелестел газетой. Даже со своей обычно на редкость покладистой женой он повздорил, так как на этот раз она твердо стояла на своем и наотрез отказывалась от того, чтобы расстаться с Боппи. Я не раз пытался настро-

* «История о прекрасной Лау» — сказочная новелла Эдуарда Мёрике о русалке.

ить его на мирный лад или приступал к нему с новыми предложениями, но все мои старания были напрасны. Он даже еще больше озлобился, принялся высмеивать мою дружбу с калекой и всячески отравлять жизнь Боппи. Конечно же, в этом и без того тесном доме больной, у которого к тому же каждый день часами сидит его друг, был большой обузой, но я все еще надеялся на то, что мастер присоединится к нам и полюбит Боппи. В конце концов для меня стало невозможным сделать или сказать что-нибудь, не обижая при этом ни мастера, ни Боппи. А так как я страшно не люблю принимать важные решения, особенно когда время торопит, — еще в Цюрихе Рихард окрестил меня Петром Кунктатором*, — то проходила одна неделя за другой, а я все ждал, терзаемый страхом потерять дружбу одного из них, а то и обоих.

Растущая неуютность этих неясных отношений вновь все чаще загоняла меня в трактиры. Однажды вечером, в очередной раз расстроенный всей этой скверной историей, я отправился в один маленький погребок и попытался утопить свою кручину в нескольких литрах ваадтлендского. Впервые за два года мне понадобилось нема-

---

* Кунктатор — «медлитель», прозвище римского диктатора Фабия Максима Веррукоса (III в. до Р. Х.), который благодаря выжидательной стратегии во Второй Пунической войне «медлительностью восстановил государство».

ло усилий, чтобы, возвращаясь домой, сохранять вертикальное положение. На следующий день я, как всегда после лихой попойки, пребывая в приятно-сумрачном расположении духа, набрался храбрости и явился к столяру, чтобы наконец завершить эту комедию. Я предложил вверить Боппи моему попечительству, и он отнесся к этому предложению благосклонно и через несколько дней, еще раз все обдумав, дал свое согласие.

Вскоре после этого я переехал со своим бедным горбуном в новую, снятую по этому случаю квартиру. У меня было такое чувство, будто я женился: вместо привычной холостяцкой берлоги нужно было создавать настоящий, маленький семейный очаг для двоих. К счастью, все оказалось проще, чем я ожидал, если не считать нескольких неудачных хозяйственных экспериментов вначале. Убирать квартиру и стирать белье приходила девушка-поденщица, еду нам доставляли на дом, и уже вскоре нам обоим было тепло и уютно под одной крышей. Необходимость отказаться от моих беззаботных, малых и больших странствий меня пока что вовсе не пугала. Зато, когда я работал, даже безмолвная близость друга действовала на меня успокаивающе и благотворно. Те мелкие хлопоты, что связаны с уходом за больным, вначале были для меня непривычны и малоприятны, особенно одевание и раздевание, однако друг мой был так терпелив и благодарен мне, что я, устыдившись своей неловкости, ухаживал за ним с удвоенным рвением.

К профессору своему я теперь заглядывал очень редко, чаще бывал у Элизабет, дом которой, несмотря ни на что, по-прежнему притягивал меня, словно магнит. Я сидел за чашкой чая или за бокалом вина, смотрел, как она играет свою роль хозяйки, и временами испытывал приступы сентиментальности, хотя для любых каких бы то ни было вертеровских чувств в себе самом я всегда держал наготове язвительную иронию. Впрочем, дряблый, юношеский любовный эгоизм меня окончательно покинул. Отношения наши представляли собой нечто вроде затянувшегося, этакого изысканного, дружески-доверительного поединка; редкий вечер из тех, что я проводил в этом доме, обходился без легкой дружеской ссоры между нами. Гибкий и по-женски несколько избалованный ум хозяйки весьма недурно сочетался с моей влюбленной и в то же время грубоватой натурой, а так как мы в сущности глубоко уважали друг друга, то тем яростнее спорили из-за каждого ничтожнейшего пустяка. Особенно странно мне было отстаивать в спорах с нею холостяцкий образ жизни, защищать его от нападок женщины, брак с которой еще совсем недавно казался мне счастьем всей моей жизни. Мне дозволялось даже подтрунивать над ее мужем, славным малым, очень гордившимся своей умной женой. Старая любовь все еще горела во мне, но это был уже не сверкающий фейерверк, а ровное, надежное пламя, которое не дает состариться сердцу и над которым иногда, зимними вечерами, старый безнадежный холостяк может погреть озябшие руки. С тех пор как мы окончательно сблизились с Боппи и он открыл мне удивительное знание — счастье быть искренне и преданно любимым, — я мог, ничем не рискуя, позволить себе сохранить в своей душе любовь как частичку молодости и поэзии.

Впрочем, Элизабет своими истинно женскими причудами не раз остужала мой пыл и давала мне повод от души порадоваться холостяцкой свободе.

С тех пор как Боппи разделил со мною мою квартиру, я и у Элизабет стал бывать все реже и реже. Мы читали с ним книги, листали дорожные дневники и альбомы, играли в домино; мы завели себе пуделя, чтобы было веселей, следили из окошка за приближением зимы и вели множество умных и глупых разговоров. У больного было твердое мировоззрение: своеобразный, согретый добродушным юмором практический взгляд на жизнь, который очень многому меня научил. Когда начались сильные снегопады и зима развернула за окном свою белую сказку, мы с ребячьим восторгом льнули к печке и наслаждались теплой, домашней идиллией. Секреты человековедения, в поисках которых я стер не одну пару сапог, теперь словно сами просились мне в руки. Дело в том, что Боппи, этот тихий, зоркий наблюдатель, был переполнен картинами своей прежней жизни и не раз поражал меня своим удивительным даром рассказчика.

Этот калека знал в своей жизни едва ли более трех дюжин человек и никогда не плыл вместе со всеми в могучем потоке бытия, и все же он знал жизнь гораздо лучше меня, ибо он привык видеть даже самые неприметные мелочи и в каждом человеке находить источник разнообразных впечатлений, радости и познания.

Любимейшей нашей забавой мы, как и прежде, обязаны были миру животных. Теперь, когда нельзя было навещать своих друзей в зоологическом саду, мы стали сочинять о них всевозможные истории и басни. Большинство из них мы не рассказывали, а исполняли в виде придуманных на ходу диалогов. Например, объяснение в любви двух попугаев, семейная ссора бизонов или вечерняя беседа диких кабанов.

— Как поживаете, господин Хорек?

— Покорнейше благодарю вас, господин Лис, так себе. Вы ведь знаете, что я лишился своей драгоценной супруги, когда попал в неволю. Ее звали Кисточка, как я уже имел честь вам говорить. Это была поистине жемчужина, уверяю вас, поистине...

— Ах, оставьте эти ваши истории, господин Хорек! Если память мне не изменяет, вы уже не раз рассказывали об этой жемчужине. Право, жизнь дается лишь один раз, и не стоит самим портить себе это удовольствие.

— Как вам будет угодно, господин Лис. Однако если бы вы знали мою супругу, вы непременно согласились бы со мной.

— Разумеется, разумеется. Итак, ее звали Кисточка, не правда ли? Красивое имя, прямо-таки взял бы да и погладил! Однако вот что я, собственно, хотел вам сказать: вы ведь, конечно же, заметили, что эти несносные воробьи опять принялись докучать нам? Так вот, у меня появился один маленький план.

— Относительно воробьев?

— Относительно воробьев. Видите ли, я подумал так: мы кладем кусочек хлеба перед решеткой, ложимся в засаду и подстерегаем этих воришек. И провалиться мне на этом месте, если мы не изловим хотя бы одного из них. Что вы на это скажете?

— Превосходно, господин сосед.

— Не угодно ли вам в таком случае положить сюда немного хлеба? Вот и прекрасно! Но не будете ли вы столь любезны и не подвинете ли его чуть-чуть вправо, тогда нам обоим будет от него толк. Я, знаете ли, сейчас, к сожалению, совершенно не располагаю средствами... Вот так-то оно будет лучше. А теперь — внимание! Ложимся, закрываем глаза... Тс-с-с, один уже летит! (Пауза.)

— Что же, господин Лис? Ничего?

— Однако как же вы нетерпеливы! Как будто впервые на охоте! Охотник должен уметь ждать. Ждать и еще раз ждать! Итак, начинаем все сначала.

— Но позвольте, где же хлеб?

— Пардон?..

— Хлеб-то пропал!

— Быть того не может! Хлеб? И в самом деле — исчез! Это же черт знает что такое! Конечно же, опять этот проклятый ветер!

— Ну я-то думаю, что ветер тут ни при чем. Недаром мне показалось, что вы что-то едите.

— Что? Я что-то ел?.. И что же я, по-вашему, ел?

— Вероятно, хлеб.

— Однако вы оскорбительно прямолинейны в своих предположениях, господин Хорек! Я всегда был за то, чтобы считаться с мнением соседей, но это уж слишком. Это уж слишком, позвольте заметить! Вы меня понимаете? Я съел хлеб!.. Да что вы о себе возомнили? Сначала я в сотый раз должен выслушивать эту пошлую историю о вашей «жемчужине», потом мне приходит в голову прекрасная идея, мы кладем хлеб у решетки...

— Не мы, а я! Я пожертвовал своим хлебом!

— ... кладем хлеб у решетки, я ложусь и стерегу воров, все идет хорошо, и тут вы все портите своей болтовней: воробьев, конечно, и след простыл, охота загублена, а теперь, выходит, я еще и съел хлеб! Премного благодарен! Нет уж, поищите себе других товарищей.

Вечера за такими забавами летели быстро и легко. Я был в превосходном настроении, с удовольствием и успешно работал и удивлялся, как я мог раньше быть таким ленивым, раздраженным и тяжелым на подъем. Лучшие часы с Рихардом едва ли были прекраснее этих тихих, радостно-светлых дней, когда за окном плясали снежинки, а мы втроем, со своим пуделем, блаженствовали у печки.

И вот тут-то бедный мой Боппи и совершил свою первую и последнюю глупость. Я в своем довольстве был, конечно же, слеп и не замечал, что он страдает сильнее, чем обычно. Он же из скромности и любви ко мне старался казаться веселей, нежели был на самом деле, не жаловался и даже не просил меня не курить, а потом всю ночь не мог уснуть, мучился, кашлял и тихонько стонал. Однажды совершенно случайно, когда я до поздней ночи засиделся за работой, а Боппи в своей комнате думал, что я давно уже в постели, я услышал, как он стонет. От ужаса и растерянности бедняга чуть было не потерял дар речи, когда я вдруг появился у него с лампой в руке. Я поставил лампу в сторонке, присел к нему на постель и учинил ему настоящий допрос. Вначале он долго лукавил, но в конце концов во всем признался.

— Ведь ничего страшного нет, — сказал он, — просто некоторые движения больно отдаются в сердце, да еще иногда больно дышать.

Он почти извинялся, словно это ухудшение здоровья было преступлением!

Утром я отправился к доктору. День выдался чудесный, морозный; по дороге мои страхи и тревоги немного утихли; я даже вспомнил о приближающемся Рождестве и стал думать, чем бы мне порадовать Боппи. Доктор был еще дома, и мне удалось уговорить его немедленно осмотреть больного. Мы поехали в его удобной коляске, мы поднялись по лестнице, мы вошли в комнату Боппи, и началось ощупывание, выстукивание и выслушивание, и хотя взгляд доктора стал всего лишь немного серьезнее, а голос всего лишь чуть-чуть ласковее, я вновь пал духом.

Подагра, сердечная слабость, серьезный случай — я все выслушал и записал и был сам себе удивлен, тотчас же согласившись с настоянием доктора отправить Боппи в больницу.

После обеда прибыла больничная карета, и когда я позже один вернулся домой, в квартиру, где ко мне ластился пудель и зиял пустотой высокий стул больного, а за стеной была его осиротевшая спальня, душа моя съежилась от горя.

Вот что значит любить. Любовь приносит страдания, и в последовавшие за этим дни у меня не было в них недостатка. Впрочем, какое это имеет значение, страдаешь ты или нет! Лишь бы можно было чувствовать рядом мощное биение другой жизни и ощущать тесные, живые узы, которыми связано с нами все живое, лишь бы не остывала любовь! Я отдал бы все светлые дни, прожитые мною когда-либо, вместе со всеми влюбленностями и всеми поэтическими мечтами в придачу, если бы за это мне дано было еще раз заглянуть в святая святых, как в то славное время. И хотя глазам и сердцу при этом невыносимо больно, да и гордости и самомнению достается по заслугам, зато после наступает такая тишина, нисходит такое смирение, а в недрах души рождается истинная зрелость и новая жизнь!

Часть моего прежнего существа умерла еще раньше, вместе с маленькой белокурой Аги. Теперь я видел, как страдает, медленно медленно умирая, мой бедный горбун, которому я подарил всю свою любовь и с которым разделил свою жизнь, — я видел это и страдал вместе с ним, постигал вместе с ним ужас и святое таинство смерти. Я, еще будучи новичком в ars amandi*, уже должен был приступить к серьезной главе ars moriendi**. Об этом времени я не стану молчать, как умолчал о своей жизни в Париже. Об этом времени я хочу говорить во весь голос, как женщина говорит о своем девичестве, а старец о своем детстве.

Я видел, как умирает человек, жизнь которого состояла лишь из любви и страданий. Я слышал, как он весело шутит, отчетливо ощущая в себе разрушительную работу смерти. Я видел, как взгляд его искал меня, пробившись сквозь жестокую боль, — не для того, чтобы разжалобить меня, но дабы я воспрянул духом и убедился в том, что самое ценное в нем недоступно для этих болей и судорог. Глаза его в эти мгновения были широко раскрыты; увядающего лица его я уже не замечал, а видел лишь сияние этих огромных глаз.

— Я могу для тебя что-нибудь сделать, Боппи?

— Расскажи мне что-нибудь. Может быть, о тапире?

---

* Наука любви (*лат.*).

** Искусство (наука) умирать (*лат.*).

И я рассказывал о тапире; он закрывал глаза, а мне трудно было говорить, потому что меня постоянно душили слезы. Как только мне начинало казаться, что он меня не слышит или просто уснул, я немедленно умолкал. Тогда он вновь открывал глаза:

— А дальше?

И я рассказывал дальше, о тапире, о пуделе, о своем отце, о маленьком злодее Маттео Спинелли, об Элизабет.

— Да, муж ей достался глупый. Вот так вот всегда и бывает, Петер!

Часто он вдруг неожиданно начинал говорить о смерти.

— Это штука суровая, Петер. Нет ничего тяжелее, чем умирать, даже самая непосильная работа легче смерти. А человек все же как-то умудряется выдержать это.

Или:

— То-то я повеселюсь, когда эти мучения кончатся! Мне-то даже выгодно умирать — я ведь избавляюсь от горба, короткой ноги и парализованного бедра. А вот тебе, наверное, обидно будет, с твоими широкими плечами и стройными, здоровыми ногами.

А однажды, в один из последних дней, он вдруг очнулся от короткого забытья и громко сказал:

— Такого неба, о каком говорит священник, вовсе нет. Небо гораздо красивее. Гораздо красивее.

Часто приходила жена столяра и была тактично-участлива и заботлива. Мастер же, к моему большому сожалению, не показывался совсем.

— Как ты думаешь, — спросил я как-то раз Боппи, — на небе тоже есть тапиры?

— А как же! — ответил он и даже кивнул для большей убедительности. — Там есть все животные, и косули тоже.

Наступило Рождество, и мы устроили маленький праздник у его кровати. Ударил мороз, за этим тотчас же последовала оттепель, и новый снег ложился на голый лед, но я ничего вокруг не замечал. Я слышал, что Элизабет родила мальчика, но вскоре забыл об этом. От госпожи Нардини пришло потешное письмо; я быстро пробежал его глазами и отложил в сторону. Любую работу свою я теперь выполнял галопом, понукаемый тревожным чувством, будто каждый час я краду у больного и у себя самого. Освободившись, я бежал, горя от нетерпения, в больницу, и там меня встречала светлая, мягкая тишина, и я просиживал по полдня у постели Боппи, объятый глубочайшим, неземным покоем.

Перед самым концом ему на несколько дней стало легче. Было странно видеть, как едва истекшие часы и минуты словно тут же гасли в его памяти, в то время как самые ранние годы подступали к нему все ближе. Два дня он говорил только о своей матери. Впрочем, долго разговаривать он не мог, но даже во время многочасовых пауз видно было, что он думает о ней.

— Я тебе слишком мало о ней рассказывал, — сокрушался он. — Ты не должен забывать ничего из того, что ее касается, иначе скоро не останется никого, кто бы знал ее и был ей благодарен. Было бы хорошо, Петер, если бы у каждого была такая мать. Она не отдала меня в приют для бедняков, когда я не мог больше работать.

Дышать ему было трудно, и он умолкал, но через час вновь продолжал о том же:

— Она любила меня больше, чем других своих детей, и не рассталась со мной, пока не умерла. Братья все разлетелись кто куда, сестра вышла за столяра, а я остался дома, и хотя она и была бедной, но никогда не попрекала меня куском хлеба. Не забывай мою мать, Петер.

Она была совсем маленькой, может, еще меньше, чем я. Когда она брала меня за руку, то казалось, будто на руку села крохотная птичка. «Для нее пойдет и детский гроб», — сказал сосед Рютиманн, когда она умерла.

Для него и самого вполне хватило бы детского гроба. Он выглядел таким маленьким и бесплотным в своей чистой больничной койке, а руки его, длинные, тонкие, белые, с полусогнутыми пальцами, похожи были на руки больной женщины. Когда ему перестала грезиться его мать, пришел мой черед. Он говорил обо мне сам с собою, словно я не сидел рядом.

— Ему, конечно же, не везет в жизни, что верно, то верно, хотя это ему нисколько не повредило... Мать его умерла слишком рано.

— Ты меня не узнаешь, Боппи? — спрашивал я.

— Еще как узнаю, господин Каменцинд, — отвечал он шутливо и тихо смеялся. — Если бы я только мог петь... — говорил он затем неожиданно.

В последний день он еще спросил меня:

— Послушай, а сколько это все стоит — эта больница? Это, наверное, очень дорого.

Но ответа он и не ждал. Белое лицо его чуть зарозовело; он смежил глаза и некоторое время казался совершенно счастливым человеком.

— Отходит, — сказала сестра.

Но он еще раз открыл глаза, лукаво взглянул на меня и повел бровями, словно собираясь кивнуть мне. Я встал, подложил ему руку под левое плечо и осторожно приподнял его, что ему всегда нравилось. Так, лежа на моей руке, он еще раз болезненно скривил губы, слегка повернул голову, и тело его передернула короткая судорога, так, словно он вдруг поежился от холода. Это был избавительный конец.

— Так тебе хорошо, Боппи? — спросил я напоследок.

Но он уже оставил все муки позади и теперь медленно остывал в моих руках. Это было седьмого января, в час пополудни. К вечеру мы закончили все приготовления, и маленькое искривленное тело его, вовсе не обезображенное смертью, лежало, излучая мир и чистоту, пока не настало время взять его и похоронить. В течение этих двух дней я не переставал удивляться самому себе: тому, что я не был ни особенно печален, ни растерян и даже ни разу не заплакал. Я так основательно прочувствовал разлуку и расставание во время болезни, что теперь от этих ощущений ничего не осталось, и чаша весов со всей отмеренной мне болью, пустая и невесомая, вновь медленно поднялась вверх.

И все же мне казалось, что самым разумным для меня было бы незаметно покинуть город, отдохнуть где-нибудь, быть может, на юге, и наконец приладить еще бесформенную, грубую пряжу моей поэмы на ткацкий стан литературного ремесла. У меня еще оставалось немного денег, и я, махнув рукой на свои сочинительские обязательства, решился при первых же признаках весны собрать вещи и немедленно уехать. Сначала в Ассизи, где меня давно уже ждала моя торговка овощами, а потом всерьез взяться за работу, забравшись в какую-нибудь тихую горную деревушку. Мне казалось, что я достаточно повидал жизни и смерти, чтобы быть вправе ожидать от людей почтительного внимания, если мне вздумается пофилософствовать. В сладком нетерпении ждал я марта, и предвкушение заранее наполняло мой слух сочными звуками итальянского языка и дразнило обоняние щекочуще-пряным ароматом ризотто, кьянти и апельсинов.

План был безупречен, и чем больше я о нем думал, тем больше он мне нравился. После выяснилось, что я поступил мудро, заранее насладившись кьянти, ибо все вышло совсем иначе.

В феврале я получил трогательное, написанное непередаваемо причудливым стилем письмо от хозяина трактира Нидеггера, в котором он сообщал мне, что в этом году выпало много снега и в деревне не все благополучно как со скотиной, так и с людьми, а именно, с моим батюшкой дело обстоит не так чтобы уж очень хорошо, но и не совсем плохо, одним словом, все было бы славно, если бы я прислал денег или приехал сам. Так как посылать деньги мне не хотелось, а старик и в самом деле внушал мне тревогу, пришлось отправиться туда самому. Я приехал мрачным, метелистым днем; из-за ветра и снега не было видно ни гор, ни домов, и то, что я мог найти дорогу даже с закрытыми глазами, в этот раз мне очень пригодилось. Старый Каменцинд, вопреки моему ожиданию, не лежал в постели, а сидел в углу у печки, маленький и жалкий, осаждаемый соседкой, которая принесла молоко, а заодно решила прочесть ему длинную и обстоятельную нотацию по поводу его беспутной жизни и, похоже, была твердо намерена довести начатое до конца, не обращая внимания на мой приход.

— Глянь-ка, Петер приехал! — сказал старый грешник и подмигнул мне левым глазом.

Но она как ни в чем не бывало продолжала свою проповедь. Я присел на стул, дожидаясь, когда иссякнет источник ее прорвавшейся наружу любви к ближнему, и открыл в ее речи несколько пассажей, которые и мне отнюдь не бесполезно было послушать. Между делом я наблюдал, как тает снег на моем пальто и на сапогах и образует сначала мокрые пятна вокруг стула, а затем маленький пруд. Лишь после того, как заботливая соседка кончила, состоялась официальная церемония встречи, в которой и она сама приняла живое, дружеское участие.

Отец сильно сдал за то время, что мы не виделись. Мне вспомнилась моя первая безуспешная попытка ухаживать за ним. Отъезд мой тогда ничего не изменил, и теперь, когда это стало уже настоятельной необходимостью, я должен был расхлебывать эту кашу.

В конце концов нельзя же требовать от старого, заскорузлого крестьянина, который и в лучшие свои годы никогда не был зерцалом добродетели, чтобы он на склоне жизни, одолеваемый старческими недугами, смягчился и в умилении взирал на подвиги сыновней любви. Ни о чем подобном отец мой и не помышлял, а становился, напротив, чем немощнее, тем несносней и отплатил мне за все, чем я прежде мучил его, если не с процентами, то уж, верно, сполна. Правда, на словах он был со мною осторожен и сдержан, зато располагал множеством способов выразить свое недовольство и раздражение и быть грубым, обходясь без всяких слов. Порою я с удивлением спрашивал себя, неужели и мне предстоит к старости превратиться в такого непроходимого, привередливого чудака. С бражничеством ему пришлось покончить навсегда, и стаканчик доброго южного вина, получаемый им от меня дважды в день, он вкушал с сердитой миной, так как я каждый раз после этого тотчас же уносил бутылку обратно в погреб и зорко следил за тем, чтобы ключ не попал к нему в руки.

Лишь в конце февраля начались те светлые недели, которые и придают горной зиме неповторимую прелесть. Высокие заснеженные утесы, глубоко врезавшиеся в васильковое небо, кажутся в такие дни невероятно близкими. Луга и склоны покрыты снегом — сахарно-белым, сверкающим и горьковато-душистым горным снегом, которого никогда не увидишь на равнинах. В полдень солнце зажигает на выпуклостях земли ослепительные, огненно-радужные звезды; в ложбинах и на склонах лежат сочные голубые тени, а воздух настолько чист после недельных снегопадов, что каждый вдох кажется глотком нектара. На отлогих откосах молодежь забавляется катанием на санках; на улочках после обеда собираются старики погреться на солнышке, а ночью вновь трещат от мороза балки на чердаке. И посреди белых снежных покровов ярко синеет неподвижное, никогда не замерзающее озеро, такое прекрасное, каким оно бывает только зимой. Я каждый день перед обедом усаживал отца на свежем воздухе, у порога, и с отрадой смотрел, как он блаженно подставляет солнцу свои коричневые узловатые пальцы. Спустя некоторое время он начинал покашливать и жаловаться на холод. Это была одна из его безобидных уловок, чтобы получить рюмку водки; я это прекрасно знал и не принимал всерьез ни кашель, ни жалобы. Получив свою порцию генциановой или полынной настойки, он с нарочитой постепенностью прекращал кашлять и радовался втайне, что перехитрил меня. После обеда я оставлял его одного, надевал гамаши и два-три часа, не останавливаясь, шел в гору, пока ноги несли, а затем садился на захваченный с собою мешок для фруктов и скатывался, словно на санках, по отлогим снежным склонам обратно.

В начале весны, когда я должен был бы отправиться в Ассизи, земля еще была скрыта метровыми сугробами. Лишь в апреле весна взялась за дело, и талые воды обрушились на нашу деревушку с такой яростью, какой здесь не видали уже много лет. День и ночь слышны были завывание фёна, отдаленный гул снежных лавин и злобный рев водопадов, которые швыряли на наши скудные, узенькие огороды и фруктовые сады огромные обломки скал и куски раздробленных на камнях деревьев. Альпийская лихорадка лишила меня сна; ночь за ночью, глубоко взволнованный, я со страхом внимал стенаниям ветра, грому лавин и рокоту разъяренного озера. В эту тревожно-лихорадочную пору ужасных весенних битв преодоленная мною болезнь любви еще раз дала о себе знать и причиняла мне такую боль, что ночью, не выдержав, я поднялся с постели, высунулся в окно и сквозь бурю отчаянно закричал Элизабет о своей любви. Никогда еще с той самой цюрихской ночи, когда я бесновался на вершине холма от любви к прекрасной иноземке-художнице, страсть не овладевала мною столь жестоко и неотвратимо. Часто мне казалось, будто Элизабет стоит прямо передо мной, улыбается мне и всякий раз, как только я делаю шаг ей навстречу, отступает назад. Мысли мои, куда бы они ни уносились, неизменно возвращались назад к этому образу; я уподобился больному, руки которого вопреки рассудку непрестанно тянутся к зудящему нарыву и расчесывают кожу до крови. Я сам себя стыдился, что было так же мучительно, как и бесполезно; я проклинал фён и все же тайком, одновременно со всеми своими муками, испытывал сокровенное, сладостное чувство блаженства, то самое, что в ранней юности накрывало меня темной, горячей волной всякий раз, когда я думал о хорошенькой Рози.

Я понял, что против этой болезни еще не придумано лекарства, и попытался хотя бы немного поработать. Я занялся композицией своего произведения, набросал несколько проектов и вскоре убедился, что время для этого было отнюдь не самым подходящим. А между тем отовсюду поступали недобрые вести о последствиях фёна, да и нашу деревню беда не обошла стороной: полуразрушенные дамбы, поврежденные дома, хлева и амбары; из соседней общины прибыли люди, оставшиеся без крова; всюду воцарились нужда и тревога, и негде было взять денег. И так случилось, к моему счастью, что староста пригласил меня в свою конторку и спросил, не желаю ли я стать членом комиссии по оказанию помощи пострадавшим. Люди, заявил он, доверяют мне представлять интересы общины в кантоне и прежде всего через прессу запросить участия и материальной помощи. Для меня это оказалось весьма кстати — именно теперь получить возможность забыть свои собственные бесполезные страдания за более серьезными и достойными заботами, и я отчаянно ухватился за эту возможность. Через переписку я быстро нашел в Базеле желающих организовать сбор пожертвований. У правительства кантона, как мы и предполагали, денег не было, и оно смогло лишь выделить несколько подручных рабочих. Тогда я обратился с воззваниями и репортажами в газеты; посыпались письма, денежные переводы, запросы, а кроме этой писанины, на меня возложена была обязанность улаживать споры и разногласия между советом общины и деревенскими тугодумами.

Несколько недель напряженной, неотлагательной работы подействовали на меня благотворно. Когда дело наконец приняло желаемый оборот и мое участие в нем перестало быть необходимостью, вокруг уже зеленели альпийские луга, и чистое голубое око озера, казалось, весело подмигивало освободившимся от снега пологим склонам. Отец мой почувствовал себя лучше, и мои любовные терзания исчезли, испарились, словно грязные остатки снежной лавины. Прежде в эту пору отец всегда смолил нашу лодку;

мать с огорода поглядывала в его сторону, а я, позабыв обо всем на свете, следил за его ловкими движениями, за облачками дыма из его трубки и за желтыми мотыльками. Этой весною смолить было нечего; матери давно уже не было в живых, а отец мрачно сидел в нашем старом, запущенном доме. О былых временах напоминал мне и дядюшка Конрад. Я частенько тайком от отца брал его в трактир, угощал вином, и он пускался в воспоминания о своих многочисленных проектах, рассказывая о них с добродушным смехом, однако не без гордости. Новых проектов он уже никому не предлагал, да и возраст уже наложил на него свою отчетливую печать, и все же в лице его, и особенно в его смехе, было что-то мальчишеское или юношеское, что согревало мне душу. Он не раз был мне утешением и развлечением, когда я, не выдержав дома, со стариком, брал дядюшку с собою в трактир. По дороге он изо всех сил старался приноровиться к моим шагам и суетливо ковылял рядом на своих тощих, кривых ногах.

— Поднимай парус, дядюшка Конрад! — подбадривал я его, и каждый раз упоминание злополучного паруса наводило разговор на наш старый челнок, от которого уже давно не осталось ни щепки и который дядюшка оплакивал, словно покойника. Так как старое суденышко и мне было дорого и памятно, мы пускались в подробнейшие воспоминания обо всем, что было с ним связано.

Озеро было таким же голубым, как в детстве, солнце таким же теплым и празднично-ярким, и я, старый чудак, смотрел на желтых мотыльков и постепенно проникался чувством, будто с тех пор в сущности мало что изменилось и я мог бы вновь как ни в чем не бывало лечь в траву и поплыть по волнам мальчишеских грез. О том, что это заблуждение и что добрая часть жизни пронеслась в прошлое и уже никогда не вернется, мне каждое утро говорило мое собственное носатое лицо с горестно поджатым ртом, в упор глядя на меня сквозь блестящую рябь воды из ржавой умывальной миски. Еще более отрезвляюще действовал на меня Каменцинд-старший, живое напоминание о свершившихся переменах, а если мне нужно было совершенно отрешиться от прошлого и целиком перенестись в настоящее, достаточно было лишь выдвинуть ящик стола в моей комнате, в котором покоилось мое будущее произведение в виде стопки пожелтевших от времени записок и шести или семи набросков, написанных на бумаге в четвертку. Но я редко открывал ящик.

Кроме ухода за стариком много хлопот доставляло мне и наше захудалое хозяйство. В полу зияли черные дыры, печь и плита, давно требовавшие ремонта, отчаянно чадили, двери не закрывались, лестница на чердак, бывший некогда свидетелем суровых отцовских мер воспитания, стала опасной для жизни. Прежде чем что-нибудь сделать, нужно было наточить топор, починить пилу, одолжить молоток, наскрести гвоздей, а потом отобрать из остатков прежних полусгнивших запасов досок подходящий материал. С ремонтом инструмента и старого точильного круга мне немного помог дядюшка Конрад, но все же от слабого, сгорбившегося старика толку было мало. И вот я раздирал свои мягкие литераторские руки о непослушные доски, крутил шаткий точильный круг, карабкался вверх-вниз по вконец прохудившейся крыше, стучал, колотил, стругал и резал, а так как я уже успел изрядно раздобреть, то и пролил за всеми этими занятиями немало пота. Время от времени, особенно на этой ненавистной крыше, я вдруг неожиданно замирал с занесенным над шляпкой гвоздя молотком в руке, усаживался поудобнее, раскуривал погасшую сигару, устремлял взор в густую небесную синь и наслаждался своей ленью, в радостном сознании того, что отец уже не может подгонять и бранить меня. Если мимо шли соседи — женщины, старики или школьники, — я, чтобы как-то оправдать свое безделье, заводил с ними дружески-соседские разговоры и постепенно снискал себе славу человека, с которым приятно перемолвиться словом.

— Ну что, пригревает сегодня, Лизбет?

— И не говори, Петер. Что мастеришь?

— Крышу вот латаю.

— Тоже дело. Давно уж пора было.

— Твоя правда.

— Старик-то здоров? Ему уж небось давно семьдесят стукнуло?

— Восемьдесят, Лизбет, восемьдесят. Представляешь, и мы когда-нибудь доживем до таких лет, а? Старость не радость...

— Что верно, то верно, Петер. Ну я пойду, а то муж уже ждет свой обед. Счастливо оставаться!

— Будь здорова, Лизбет!

И она шла дальше со своей завернутой в платочек миской, а я мирно попыхивал сигарой, смотрел ей вслед и думал: отчего же это так происходит, что все люди как люди, трудятся не покладая рук, хлопочут, в то время как я уже второй день никак не управлюсь с одной планкой? Но в конце концов крыша все же была готова. Отец против обыкновения заинтересовался моими успехами, и, так как я не мог затащить его на крышу, мне пришлось все подробно описывать и отчитываться за каждую рейку, и, конечно же, трудно было удержаться, чтобы слегка не прихвастнуть.

— Хорошо, хорошо, — похвалил он. — Я-то думал, ты так скоро не управишься! И года не прошло...

Сейчас, когда я, оглядываясь назад, обозреваю и переосмысливаю свои странствия и жизненные опыты, мне и радостно, и досадно оттого, что я и на себе самом испытал старую истину: рыбе не жить без воды, а крестьянину без деревни, и никакие науки не сделают из нимиконского Каменцинда городского, светского человека. Я уже почти свыкся с этим и рад, что моя неловкая охота за счастьем против моей воли привела меня обратно, на маленький, зажатый между озером и горами клочок земли, где мое законное место и где мои добродетели и пороки — и прежде всего пороки — суть нечто обыденное и привычное. Там, на чужбине, я забыл свою родину и был близок к тому, чтобы самого себя считать чем-то вроде редкого, диковинного растения; теперь я вновь вижу, что это просто нимиконский дух бродил во мне, словно хмель, и не желал покориться чуждым обычаям. Здесь никогда никому не придет в голову назвать меня чудаком, а стоит мне посмотреть на своего папашу или дядюшку Конрада, и я кажусь себе вполне достойным сыном и племянником. Мои несколько зигзагообразных полетов в царство духа и так называемого образования очень напоминают знаменитую парусную одиссею дядюшки — разница состоит, пожалуй, лишь в том, что мне они стоили больших жертв: денег, усилий и прекрасных лет, которых уже не вернуть. А с тех пор как мой кузен Куони подстриг мне бороду и я вновь начал носить штаны с поясом и ходить в одной рубахе, я и внешне ничем не отличаюсь от своих земляков, и когда я превращусь в седого старца, то незаметно займу место отца и возьму на себя его роль в жизни деревни. Люди знают только то, что я много лет провел в чужих краях, и я остерегаюсь рассказывать им, что за жалкое ремесло у меня было и в скольких лужах мне довелось валяться, иначе мне хватило бы насмешек и обидных прозвищ до конца дней моих. Всякий раз, рассказывая о Германии, Италии или Париже, я слегка важничаю и порой даже в самых искренних местах моего повествования вдруг сам начинаю сомневаться в своей правдивости.

И что же мне принесли все эти прожитые годы, все скитания? Женщина, которую я любил и которую все еще люблю, растит в Базеле двух своих прелестных детей. Другая, которая любила меня, вскоре утешилась и по сей день торгует овощами, семенами и фруктами. Отец, из за которого я вернулся в родное гнездо, не умер и не выздоровел, а сидит себе напротив меня на своей лежанке, смотрит на меня и завидует моему обладанию ключом от погреба.

Однако это ведь еще не все. Кроме матери и утонувшего друга юности у меня есть еще два ангела на небе — белокурая Аги и бедный скрюченный Боппи. К тому же я в конце концов стал свидетелем того, как отремонтировали пострадавшие дома и починили обе дамбы. Если бы я захотел, я мог бы сейчас заседать в совете общины. Но там и без меня хватает Каменциндов.

А недавно передо мною открылась еще одна перспектива. Здоровье трактирщика Нидеггера, у которого и мой отец, и я выпили не один литр фельтлинского, валлисского или ваадтлендского, сильно пошатнулось, и дело уже не приносит ему прежней радости. На днях он поведал мне свои печали. Самое скверное заключается в том, что если хозяйство его не купит кто-нибудь из местных жителей, то это сделает какая-нибудь пивоварня, и у нас в Нимиконе уже не будет такого по-домашнему уютного трактира. Приедет чужой арендатор, которому, конечно, выгоднее торговать пивом, чем вином, и славный Нидеггеров винный погреб будет запущен и загублен. С тех пор как я это знаю, я лишился покоя: в Базеле у меня осталось еще немного денег в банке, и старый Нидеггер мог бы обрести в моем лице неплохого преемника. Загвоздка лишь в том, что мне не хотелось бы становиться хозяином трактира при жизни отца. Ибо тогда мне уже нелегко было бы удержать старика от вина, а кроме того, для него это было бы триумфом — что со всей своей латынью и прочими книжными премудростями я стал всего-навсего хозяином нимиконского трактира. Этого я допустить не могу и потому постепенно, против своей воли, начинаю как бы мысленно призывать кончину старика — не то чтобы с нетерпением, а просто для пользы общего дела.

Дядюшка Конрад с недавних пор вновь охвачен неуемной жаждой деятельности, после долгих лет тихой дремы, и это не нравится мне. Закусив указательный палец, с глубокомысленной складкой на лбу, он торопливо семенит взад-вперед по комнате и в ясную погоду то и дело поглядывает на озеро.

— Я уж давно говорю, он опять собрался строить свои кораблики, — сообщила старая тетушка Кенцине.

Он и в самом деле впервые за столько лет выглядит так бодро и отважно, а лицо его приняло лукаво-высокомерное выражение, мол, теперь-то я уж точно знаю, как это делается. Но я думаю, это все пустое; это просто усталая душа его требует крыльев, чтобы вернуться домой. Поднимай парус, старина Конрад! И если действительно час его пробил, то господа нимиконцы увидят нечто неслыханное. Ибо я решил на могиле его сразу же после священника произнести небольшую речь, чего здесь испокон веку не бывало. Я призову всех почтить память дядюшки как праведника и избранника Божия, а за этой назидательной частью моей речи последует обращение к возлюбленным скорбящим родственникам, приправленное доброй пригоршней соли и перца, которое они мне долго не смогут забыть и простить. Надеюсь, что и отец мой доживет до этого события.

А в ящике стола лежат начатки моей великой поэмы. Можно было бы сказать — «дело всей моей жизни». Но это звучит чересчур патетично, и потому я предпочитаю не говорить этого, ибо следует признать, что вероятность продолжения и завершения оного весьма невелика. Быть может, еще настанет время, и я вновь начну, продолжу и закончу свою поэму; если это случится, то, стало быть, моя юношеская тоска была не напрасна и я все же — поэт.

Пожалуй, это было бы для меня ценнее и совета общины, и всех дамб, вместе взятых. Но ушедших в прошлое и все же не потерянных лет моей жизни, со всеми дорогими и незабвенными образами — от стройной Рози Гиртаннер до бедного Боппи, — оно бы не перевесило.

Литературно-художественное издание

Гессе Герман

ПЕТЕР КАМЕНЦИНД

Повесть

Ответственный редактор *И. Горяева*
Технический редактор *Н. Духанина*
Компьютерная верстка *З. Полосухиной*
Корректор *И. Федорова*

Общероссийский классификатор продукции
ОК-034-2014 (КПЕС 2008); 58.11.1 — книги, брошюры печатные

Произведено в Российской Федерации. Изготовлено в 2023 г.

Изготовитель: ООО «Издательство АСТ»
129085, Российская Федерация, г. Москва,
Звёздный бульвар, дом 21, строение 1, комната 705, пом. I, 7 этаж.
Наш электронный адрес: **www.ast.ru**
E-mail: ask@ast.ru.
ВКонтакте: vk.com/ast_neoclassic

«Баспа Аста» деген ООО
129085, Мәскеу қ., Звёздный бульвары, 21-үй, 1-құрылыс, 705-бөлме, I жай, 7-қабат.
Біздің электрондық мекенжайымыз: www.ast.ru
E-mail: ask@ast.ru.
Интернет-магазин: www.book24.kz
Интернет-дүкен: www.book24.kz
Импортёр в Республику Казахстан ТОО «РДЦ-Алматы».
Қазақстан Республикасындағы импорттаушы «РДЦ-Алматы» ЖШС.
Дистрибьютор и представитель по приему претензий на продукцию в Республике Казахстан:
ТОО «РДЦ-Алматы»
Қазақстан Республикасында дистрибьютор
және өнім бойынша арыз-талаптарды қабылдаушының
өкілі «РДЦ-Алматы» ЖШС, Алматы қ., Домбровский көш., 3«а», литер Б, офис 1.
Тел.: 8(727) 2 51 59 89,90,91,92, факс: 8 (727) 251 58 12 вн. 107;
E-mail: RDC-Almaty@eksmo.kz
Өнімнің жарамдылық мерзімі шектелмеген.
Өндірген мемлекет: Ресей. Сертификаттау қарастырылмаған

Подписано в печать 25.01.2023. Формат 76×100 1/32.
Гарнитура «Newton». Печать офсетная. Усл. печ. л. 9,85.
Доп. тираж 3000 экз. Заказ Э-15837.
Отпечатано в типографии ООО «Экопейпер».
420044, Россия, Казань, пр. Ямашева, д. 36Б.

ISBN 978-5-17-115359-5
9 785171 153595 >
16+